国学馆【双色版】

中华句典

冯慧娟◎编

辽宁美术出版社

图书在版编目（CIP）数据

中华句典 / 冯慧娟编 . — 沈阳 : 辽宁美术出版社，
2019.6

（众阅国学馆）

ISBN 978-7-5314-8378-6

Ⅰ . ①中… Ⅱ . ①冯… Ⅲ . ①名句—汇编—中国

Ⅳ . ① H136.33

中国版本图书馆 CIP 数据核字 (2019) 第 117907 号

出 版 社：辽宁美术出版社
地　　址：沈阳市和平区民族北街 29 号　邮编：110001
发 行 者：辽宁美术出版社
印 刷 者：三河市燕春印务有限公司
开　　本：130mm×185mm 1/32
印　　张：5
字　　数：94 千字
出版时间：2019 年 6 月第 1 版
印刷时间：2019 年 6 月第 1 次印刷
责任编辑：时祥选
装帧设计：新华智品
责任校对：郝　刚
ISBN 978-7-5314-8378-6

定　　价：25.00 元

邮购部电话：024-83833008
E-mail：lnmscbs@163.com
http://www.lnmscbs.com
图书如有印装质量问题请与出版部联系调换
出版部电话：024-23835227

前言

　　中国是四大文明古国之一，从传说中的黄帝时代到今天，已经有将近五千年的历史了。浩如烟海的文学典籍，口口相传的民间文化，其间有文人骚客的真情实感，也有广大的劳动人民的人生智慧。它们不但是所有炎黄子孙智慧的结晶，也是中华民族永恒的财富，将长久地影响一代又一代的华夏儿女，世代传诵不息。

　　《中华句典》是中国传世经典名句的精选集，它以名句的实用性、典型性和广泛性为着眼点进行编排，所选的名句时间跨度相当大、范围非常广，从先秦时期的重要著作到当代名人的智慧言语，从诗词曲赋、小说杂记等文学体裁到俗语、谚语、歇后语、对联、谜语等传统文学样式，都有涉猎。另外，书中还提及了一些关于名句的趣味故事，或引人发笑，或使人心酸，或令人感慨，可以使读者更为深刻地理解和掌握名句。

　　从古至今，不论文人雅士，还是贩夫走卒，都能脱口说出一些脍炙人口的传世名句。身处新时代的现代人，也应掌握一些基本的名句，既可以用于日常交谈和文学创作，也可以汲取前人的经验、智慧，充实我们的头脑。"人贵有志，学贵有恒"，"走尽崎岖路，自有平坦途"，"非礼勿视，非礼勿听，非礼勿言，非礼勿动"，"满招损，谦受益"……这些历久弥新的经典名句，历经时代的变迁，逐渐形成特定的含义，不仅朗朗上口，而且言简意赅、清新隽永、哲理丰富，准确形象地反映出了中华民族的智慧，并饱含着丰富的思想感情，可以让我们领略古代文学的特殊韵味，体味历代名家的人文精神，感受普通大众的日常生活。

目录

中华句典

目录

中华句典

目录

中华千句典

目录

中华句典

诗词曲赋佳句

中国是一个诗意盎然的国度，从上古的「杭育」之声到当今各流派的新诗，从朗朗上口的诗曲到绮丽多姿的词赋，诗韵始终是中国文学发展史上最为华美典雅的乐章，深刻地折射出中华民族的不屈灵魂，集中地体现了中华民族的浪漫精神和文化气质。

在中国诗歌发展的历史长河中，赋以汉绝、诗以唐冠、词以宋称、曲以元盛，这四座文学高峰所奏响的华美乐章，无疑是中国诗意的最强音，千百年来一直为帝王将相、士绅大夫和广大老百姓所津津乐道，且传诵不息。

志存高远

路漫漫其修远兮，吾将上下而求索。

【出处】（战国）屈原《离骚》。

【释义】人生的道路非常漫长遥远，我将会走遍四方，为实现我的理想而努力。

亦余之所善兮，虽九死其犹未悔。

【出处】（战国）屈原《离骚》。

【释义】我所追求的是美好的，即便是要为之付出生命，我也绝不后悔。

丈夫志四海，万里犹比邻。

【出处】（三国·魏）曹植《赠白马王彪》。

【释义】大丈夫志在四海，即使相隔万里也好像在邻近一样。

老骥伏枥，志在千里；烈士暮年，壮心不已。

【出处】（三国·魏）曹操《龟虽寿》。

【释义】年老的千里马伏在马棚中，它的壮志仍然是一日驰骋千里；有远大志向的人即使到了晚年，他奋发向上的雄心也不会停止。枥：马槽。

人生各有志。

【出处】（东汉末年）王粲《咏史诗》。

中华句典

【释义】人生在世，各有各的志向。

浮萍本无根，非水将何依。

【出处】（晋代）傅玄《明月篇》。

【释义】浮萍本身没有根，要是没有了水要依托什么呢？比喻人没有志向就失去了灵魂。

千金何足重，所存意气间。

【出处】（南朝·宋）鲍照《代朗月行》。

【释义】千金没什么贵重的，最重要的是有志气。

大丈夫必有四方之志。

【出处】（唐代）李白《上安州裴长史书》。

【释义】大丈夫一定要有纵横四海的伟大志向。

丈夫四方志，安可辞固穷。

【出处】（唐代）杜甫《前出塞》。

【释义】大丈夫志在四方，怎么能够逃避贫穷的生活呢？比喻志士要经得起磨炼。

心随朗月高，志与秋霜洁。

【出处】（唐代）李世民《经破薛举战地》。

【释义】心志如明月般高尚，如秋霜般明洁。

沧海可填山可移，男儿志气当如斯。

【出处】（宋代）刘过《盱眙行》。

【释义】沧海可以填平，高山可以移动，大丈夫就应该有移山倒海的远大志向。

我愿平东海，身沉心不改；大海无平期，我心无绝时。

【出处】（清代）顾炎武《精卫》。

【释义】我要（像精卫填海那样）坚持自己的志向，就算死也不改变；大海没有填平的时候，我的心意就绝不改变。

画工须画人中龙，为人须为人中雄。

【出处】（近代）秋瑾《赠蒋鹿珊先生言志且为他日成功之鸿爪也》。

【释义】画工应该专注于描绘出类拔萃的人物，做人应该要做志向远大的英雄。比喻要确立远大的志向，并努力奋斗。

报国济民

带长剑兮挟秦弓，首身离兮心不惩。

【出处】（战国）屈原《九歌·国殇》。

【释义】随身携带长剑和强弓，就算在沙场上牺牲性命也绝不害怕。秦弓：古代以秦国的弓最为强劲，这里指最强的弓。

捐躯赴国难，视死忽如归。

【出处】（三国·魏）曹植《白马篇》。

【释义】为解救国家的危难而献身，把死看作回家。

世治非去兵，国安岂忘战。

【出处】（南朝·梁）萧衍《宴诗》。

【释义】太平盛世也不能废除军队，和平时期怎么能够忘记战争呢？

国耻未雪，何由成名。

【出处】（唐代）李白《独漉篇》。

【释义】国家的耻辱还没有洗刷，哪有什么理由追逐名利啊？

纵死侠骨香，不惭世上英。

【出处】（唐代）李白《侠客行》。

【释义】即使是死了，侠义之气仍然可以流芳百世，也不会愧对在世的英雄豪杰了。

安得广厦千万间，大庇天下寒士俱欢颜！风雨不动安如山。呜呼！何时眼前突兀见此屋，吾庐独破受冻死亦足！

【出处】（唐代）杜甫《茅屋为秋风所破歌》。

【释义】如何才会有宽敞高大的房子，可以庇佑所有贫寒的士人，让他们都生活安稳呢？什么时候能出现这样高大的房子呢？如果真的出现了，就算让我房屋破陋我自己受冻而

世治非去兵，国安岂忘战

死，我也甘愿。寒士：贫寒的士人。

万里不惜死，一朝得成功。

【出处】（唐代）高适《塞下曲》。

【释义】万里沙场而将生死置之度外，总有一天可以成就功名。

欲倾天上河汉水，净洗关中胡虏尘。

【出处】（宋代）陆游《夏夜大醉，醒后有感》。

【释义】想要把天上银河的水都倾倒下来，以洗净中原和少数民族战争所带来的风尘。河汉：银河。

一身报国有万死，双鬓向人无再青。

【出处】（宋代）陆游《夜泊水村》。

【释义】衷心报国的人有许多次为国捐躯的机会，但两鬓的头发白了就不能变回以前的黑色了。

男儿堕地志四方，裹尸马革固其常。

【出处】（宋代）陆游《陇头水》。

【释义】男儿生下来就应该胸怀大志，即使战死疆场也应习以为常。

国仇未报壮士老，匣中宝剑夜有声。

【出处】（宋代）陆游《长歌行》。

【释义】国家的仇恨未报，可是壮士已经老了，剑匣中的宝剑不甘心，经常在夜里发出声音。

王师北定中原日，家祭无忘告乃翁。

【出处】（宋代）陆游《示儿》。

【释义】等到朝廷军队北上平定中原的那一天，祭奠的时候，你可千万不要忘记告诉你的父亲我这个消息。

人生自古谁无死，留取丹心照汗青。

【出处】（宋代）文天祥《过零丁洋》。

【释义】自古以来，人难免有一死，但如果能够为国尽忠，死后青史留名，才死得有意义。

臣心一片磁针石，不指南方不肯休。

【出处】（宋代）文天祥《扬子江》。

【释义】我的心就像一片磁针石，不指向南方决不罢休。

壮志饥餐胡虏肉，笑谈渴饮匈奴血。

【出处】（宋代）岳飞《满江红》。

【释义】壮士饿的时候就吃匈奴人的肉，渴了就喝匈奴人的血。

三十功名尘与土，八千里路云和月。

【出处】（宋代）岳飞《满江红》。

【释义】我已年近三十，可还是没有什么成就，为报效国家，还要南征北战。尘与土：比喻没有成就。云和月：指南征北战的生活。

秋风不用吹华发，沧海横流要此身。

【出处】（金代）元好问《壬辰十二月车驾东狩后即事》。

【释义】秋风你不要再吹我花白的头发了，这种动荡的局势还需要我去挽救。沧海横流：比喻局势动荡不安。

繁霜尽是心头血，洒向千峰秋叶丹。

【出处】（明代）戚继光《望阙台》。

【释义】浓霜上都是战士们保卫祖国的一片衷心和赤诚，洒在山峰上把秋叶都染红了。

丈夫所志在经国，期使四海皆衽席。

【出处】（明代）海瑞《樵溪行送郑一鹏给内》。

【释义】男子汉大丈夫志在为国家的治理出谋划策，希望百姓都能够过上舒适的生活。衽席：寝处之所。

辞家壮志凭孤剑，报国先声震两河。

【出处】（清代）彭定求《汤阴谒岳忠武故里庙像》。

【释义】凭着自己的雄韬伟略和满腔壮志，辞别家乡奔赴疆场，威震中原。

苟利国家生死以，岂因祸福避趋之。

【出处】（清代）林则徐《赴戍登程口占示家人》。

【释义】如果对国家有利，我就会以命相许，怎么能见福就抢，见祸就避呢？

只解沙场为国死，何须马革裹尸还。

【出处】（近代）徐锡麟《出塞》。

【释义】只要是战死沙场，又何须用马革包裹尸体带回来安葬呢？

拼将十万头颅血，须把乾坤力挽回。

【出处】（近代）秋瑾《黄海舟中日人索句并见日俄战争地图》。

【释义】即使要牺牲许多人的生命，也要扭转乾坤，挽救祖国的命运。

休言女子非英物，夜夜龙泉壁上鸣。

【出处】（近代）秋瑾《鹧鸪天·祖国沉沦感不禁》。

【释义】千万不要说女子不能成为英雄，挂在墙上的龙泉宝剑每天晚上都发出声响。比喻女子也有报国的雄心。

惜时如金

神龟虽寿，犹有竟时。

【出处】（三国·魏）曹操《龟虽寿》。

【释义】神龟的寿命虽然十分长久，但也有到尽头的时候。比喻要珍惜时间。

古人惜寸阴，念此使人惧。

【出处】（晋代）陶渊明《杂诗·其五》。

【释义】古人珍惜每一寸光阴，想到自己不禁感到害怕。

千金一掷买芳春。

【出处】（唐代）李白《自汉阳病酒归，寄王明府》。

【释义】我愿意用千金来购买青春时光。

君不见黄河之水天上来，奔流到海不复回。君不见高堂明镜悲白发，朝如青丝暮成雪。

【出处】（唐代）李白《将进酒》。

【释义】你看滚滚的黄河水从天上来，一去不回头地直奔烟波浩渺的东海；你看头上的青丝转眼间白如雪，高堂上只能对着镜子感叹。比喻时间过得很快。

青春须早为，岂能长少年。

【出处】（唐代）孟郊《劝学》。

【释义】年轻的时候趁早努力，人怎么可能一直年少呢？

拾柴岂宜晚，掇芳须及晨。

【出处】（唐代）孟郊《罗氏花下奉招陈侍御》。

【释义】拾捡柴火怎么能等到晚上呢？采集鲜花必须要在早

中华句典

上。说明要珍惜青春时光。

花开堪折直须折，莫待无花空折枝。

【出处】（唐代）杜秋娘《金缕衣》。

【释义】在花开的时候就要抓紧去折，不要等到花谢了折个空枝。比喻人应该珍惜青春。

劝君莫惜金缕衣，劝君惜取少年时。

【出处】（唐代）杜秋娘《金缕衣》。

【释义】希望你不要顾惜昂贵的金缕衣，而要珍惜青春年少的时光。

莫道桑榆晚，微霞尚满天。

【出处】（唐代）刘禹锡《酬乐天咏老见示》。

【释义】不要觉得年纪很大了，其实还有很多时间可以大有作为、发挥余热。比喻要珍惜时间。桑榆：借指太阳，引申为人的年龄、年纪。

黑发不知勤学早，白首方悔读书迟。

【出处】（唐代）颜真卿《劝学》。

【释义】如果年轻的时候不勤奋学习，到老时才知道要学习就太迟了，后悔也来不及了。

年年岁岁花相似，岁岁年年人不同。

【出处】（唐代）刘希夷《代悲白头翁》。

【释义】每一年的花儿都是差不多的，每过一年，人的容貌却发生了很大的变化。

一寸光阴一寸金。

【出处】（唐代）王贞白《白鹿洞二首·其一》。

【释义】太阳移动一寸就像一寸长的金子一般珍贵。比喻光阴的宝贵。

劝君着意惜芳菲，莫待行人攀折尽。

【出处】（宋代）欧阳修《玉楼春·黄金弄色轻于粉》。

【释义】希望你能有意地珍惜美丽的花草，不要等到行人都折完了再去折。比喻人应当珍惜自己的青春时光，努力奋斗。

莫等闲、白了少年头，空悲切。

【出处】（宋代）岳飞《满江红》。

【释义】千万不要虚度年华，等到老了才独自悲叹。比喻要把握时间建功立业。

流光容易把人抛，红了樱桃，绿了芭蕉。

【出处】（宋代）蒋捷《一剪梅·舟过吴江》。

【释义】时光远远地把人抛在后面，转眼间樱桃红了，芭蕉绿了，春天即将过去，夏天就要到来了。

光阴似箭催人老，日月如梭赶少年。

【出处】（元代）高明《琵琶记·丞相教女》。

【释义】时光飞快像箭一般，不停地催人年老；日月流逝像梭一样，追赶着少年。

花到三春颜色消，月过十五光明少。

【出处】（元代）王和卿《拨不断·自叹》。

【释义】花儿到了三春的时候就不再那么亮丽了，月亮过了十五就越来越暗了。说明应该珍惜青春时光，努力奋斗。

今日复今日，今日何其少！今日又不为，此事何时了？

【出处】（明代）文嘉《今日歌》。

【释义】今天之后还是今天，可是今天却总是那么短暂！如果今天又做不出什么事情，要做的事情等到什么时候才能完成啊？

明日复明日，明日何其多！我生待明日，万事成蹉跎。

【出处】（清代）钱鹤滩《明日歌》。

【释义】明天之后还有明天，明天是多么多啊！如果事情总是要等到明天去做的话，那将永远一事无成，留下的只会是无尽的悔恨。

昨日之日背我走，明日之日肯来否？走者删除来者难，唯有今日之日为我有。

【出处】（清代）袁枚《小仓山房诗文集·对日歌》。

【释义】昨天已经离我而去了，明天是不是肯来呢？离开的已经不见了，即将到来的还不知道，我现在所拥有的就只有今天。比喻应把握现在，不要瞻前顾后。

古人惜寸阴

中华句典

求知若渴

日就月将，学有缉熙于光明。

【出处】（周代）《诗经·周颂·敬之》。

【释义】日积月累地学习，就能达到无比光明的境界。就：久；将：长。

山不让尘，川不辞盈。

【出处】（晋代）张华《励志诗》。

【释义】高山不拒绝细小的沙粒，因此才高耸入云；江河不嫌弃潺潺的小溪，因此才浩瀚无边。

击石乃有火，不击元无烟。人学始知道，不学非自然。

【出处】（唐代）孟郊《劝学》。

【释义】只有通过击打石头，才会迸发出火花，如果不击打连烟也没有。人只有通过学习才能掌握知识，如果不学习，知识不会从天上掉下来的。

樵童牧竖劳相问，岩穴从来出帝师。

【出处】（唐代）李咸用《题陈处士出居》。

【释义】要多向乡间的樵夫和牧童请教，帝王的老师向来都来自民间。

学非探其花，要自拔其根。

【出处】（唐代）杜牧《留诲曹师等诗》。

【释义】学习并不是为了研究它的花，而是要探寻它的根。说明学习不能停留在表面。

嗜书如嗜酒

读书破万卷，下笔如有神。

【出处】（唐代）杜甫《奉赠韦左丞丈二十二韵》。

【释义】熟读过很多书后，写文章自然就会得心应手了。

乃知学在少，老大不可强。

【出处】（宋代）欧阳修《镇阳读书》。

【释义】做学问应该趁年少，年纪大了就不能勉强了。

闻义贵能徙，见贤思与齐。

【出处】（宋代）陆游《示儿》。

【释义】听到公正合理的道理，最可贵的是能去追求它；见到贤能的人，就应当向他看齐。

嗜书如嗜酒，知味乃笃好。

【出处】（宋代）范成大《寄题王仲显读书楼》。

【释义】爱好读书就像爱好饮酒一样，明白了其中的滋味，就会真正地喜爱。笃：忠诚。

学无早晚，但恐始勤终随。

【出处】（宋代）张孝祥《勉过子读书》。

【释义】学习不分起步的早晚，只怕开始的时候勤奋，到最后就随意放任了。

天下事有难易乎？为之，则难者亦易矣；不为，则易者亦难矣。

【出处】（清代）彭端淑《为学一首示子侄》。

【释义】天下事有难易的差别吗？做了，那么难的也变得容易了；不做，那么容易的也变得难了。

自家漫诩便便腹，开卷方知未读书。

【出处】（清代）张月楼《自忏》。

【释义】不要轻易夸耀自己满腹经纶，翻开书就知道自己并没有读过多少书。

学海迷茫未有涯，何来捷径指褒斜。

【出处】（清代）赵翼《上元后三日芝堂过访草堂》。

【释义】知识就像广袤的大海一样，无边无际，哪里会有什么捷径呢？

士农工商

天涯地角无禁利，熙熙同似昆明春。

【出处】（唐代）白居易《昆明春水满》。

【释义】普天之下没有哪里禁止追求利益的，这里如此热闹，好像昆明的春天一样。

田家少闲日，五月人倍忙。

【出处】（唐代）白居易《观刈麦》。

【释义】农家很少有空闲的时候，五月的时候最是忙碌。

一女不得织，万夫受其寒。

【出处】（唐代）苏涣《变律·其三》。

【释义】一个妇人不纺织，就会有一万个人受冻。

在暖须在桑，在饱须在耕。

【出处】（唐代）聂夷中《客有追叹后时者作诗勉之》。

【释义】感到温暖的时候，要想到采桑的辛苦；感到饱足的时候，要想到耕种的艰难。

炉火照天地，红星乱紫烟。

【出处】（唐代）李白《秋浦歌·其十四》。

【释义】炉火映照着田地，火星在紫色烟雾中迸射。

乡村四月闲人少

卖剑买牛农事兴。

【出处】（宋代）陆游《游近村·其二》。

【释义】卖掉宝剑，去买耕牛，农业就能兴旺了。

自种自收还自足，不知尧舜是吾君。

【出处】（宋代）王禹偁《畲田词五首·其三》。

【释义】我自己耕种、自己收割，生活富足，连尧舜是我们的君王都不知道。

乡村四月闲人少，才了蚕桑又插田。

【出处】（宋代）翁卷《村居即事》。

【释义】乡间的四月很少有闲人，刚刚采完桑，接着又要插秧了。

议兵治军

王于兴师，修我戈矛，与子同仇。

【出处】（周代）《诗经·秦风·无衣》。

【释义】君王说要出兵打仗，我们把戈和矛都修理好，大家同心协力地对付敌人。

五更鼓角声悲壮，三峡星河影动摇。

【出处】（唐代）杜甫《阁夜》。

【释义】五更时分，出征的鼓号声划破夜空，显得尤为悲壮；天上银河的群星映入三峡水中摇曳不定。

落日照大旗，马鸣风萧萧。

【出处】（唐代）杜甫《后出塞·其二》。

【释义】夕阳照在飘扬的战旗上，战马嘶鸣，寒风萧瑟。

王于兴师

但使龙城飞将在，不教胡马度阴山。

【出处】（唐代）王昌龄《出塞》。

【释义】只要龙城有卫青那样的将士在，决不会让敌人过阴山一步。

黄沙百战穿金甲，不破楼兰终不还。

【出处】（唐代）王昌龄《从军行·其四》。

【释义】身处塞外，身经百战磨穿了盔甲，不打败敌人绝不返回。

万鼓雷殷地，千旗火生风。

【出处】（唐代）高适《塞下曲》。

【释义】万鼓齐鸣，像响雷般的声音震动天地；军旗飘扬，像烈火一样迎风招展。

葡萄美酒夜光杯，欲饮琵琶马上催。醉卧沙场君莫笑，古来征战几人回。

【出处】（唐代）王翰《凉州词·其一》。

【释义】夜光杯中盛满了葡萄美酒，正要一饮而尽的时候，马上的琵琶就开始催促了。就算是醉卧在沙场也不要笑我，自古以来征战沙场的人有几个能回得来呢！

洗兵条支海上波，放马天山雪中草。

【出处】（唐代）李白《战城南》。

【释义】在条支海中洗涤兵器，到天山雪中牧养战马。

治乱兴衰

殷鉴不远，在夏后之世！

【出处】（周代）《诗经·大雅·荡》。

【释义】商朝应该把不久前灭亡的夏朝作为前车之鉴。

灭六国者六国也，非秦也；族秦者秦也，非天下也。

【出处】（唐代）杜牧《阿房宫赋》。

【释义】灭掉六国的是六国自己，而不是秦国；使秦朝灭亡的是它自己，而不是天下人。

南朝四百八十寺，多少楼台烟雨中。

【出处】（唐代）杜牧《江南春绝句》。

【释义】南朝留下的金碧辉煌的寺庙，如今都笼罩在蒙蒙细雨之中。

商女不知亡国恨，隔江犹唱后庭花。

【出处】（唐代）杜牧《泊秦淮》。

【释义】歌女不知道亡国的耻辱和仇恨，隔着江水，还在唱着《后庭花》。

旧时王谢堂前燕，飞入寻常百姓家。

【出处】（唐代）刘禹锡《乌衣巷》。

【释义】以前在王孙贵族堂前筑巢栖息的燕子，如今都飞到普通老百姓的家里去了。

四十馀帝三百秋，功名事迹随东流。

【出处】（唐代）李白《金陵歌送别范宣》。

【释义】四十多位皇帝历时三百多年，他们的功业都随着流水向东逝去了。

吴宫花草埋幽径，晋代衣冠成古丘。

【出处】（唐代）李白《登金陵凤凰台》。

【释义】吴国的宫殿已经变成了废墟，杂乱的花草淹没了幽静的小路；晋代的文武官僚都已经骨朽成灰，只剩下一堆坟丘。

忆昔开元全盛日，小邑犹藏万家室。

【出处】（唐代）杜甫《忆昔·其二》。

【释义】回想起当年的开元盛世，一个很小的城邑里也有上万户的人家。

春花秋月何时了？往事知多少。小楼昨夜又东风，故国不堪

回首月明中。

（五代·南唐）李煜《虞美人》。

【释义】如此美好的春花秋月什么时候才能了结，过往的事情又知道多少。昨夜春风吹过小楼，在月光下，我想起在故国那不堪回首的岁月。

千古兴亡多少事？悠悠，不尽长江滚滚流。

【出处】（宋代）辛弃疾《南乡子·登京口北固亭有怀》。

【释义】千百年来，经历了多少朝代的兴衰存亡，就像这滚滚东流的长江水一样，永无止境。

虎踞龙蟠何处是？只有兴亡满目。

【出处】（宋代）辛弃疾《念奴娇·登建康赏心亭呈史留守致道》。

【释义】哪里看得到龙盘虎踞的气象？只有满目的兴衰存亡。

乃知国家事，成败因人心。

【出处】（宋代）王禹偁《唱山歌·滁民带楚俗》。

【释义】要知道国家大事的成败取决于人心。

多少六朝兴废事，尽入渔樵闲话。

【出处】（宋代）张升《离亭燕·一带江山如画》。

【释义】多少六朝兴盛衰败的事情，都成了渔夫和樵夫闲谈的话题。

人事智慧

振衣千仞冈，濯足万里流。

【出处】（晋代）左思《咏史·其五》。

【释义】在千仞高山上，迎着风把衣服抖一抖；在万里的河流中，洗去脚上的污物。比喻不为世俗影响。

今人表似人，兽心安可测。

【出处】（唐代）孟郊《择友》。

【释义】现在有些人，表面看来人模人样，却有野兽般难以揣度的心肠。

唯有人心相对时，咫尺之间不能料。

【出处】（唐代）白居易《天可度》。

【释义】只有人心相对时，才可以得知对方的想法，否则，哪怕是咫尺间的距离也无法猜度。

阴阳神变皆可测，不测人间笑是瞋。

【出处】（唐代）白居易《天可度》。

濯足万里流

【释义】天地万物奇妙的变化，都是可以预测的，唯独无法预料的是人们的嬉笑怒骂。

楚客莫言山势险，世人心更险于山。

【出处】（唐代）雍陶《峡中行》。

【释义】经过楚地的人不要说这里的山势太险峻，世间的人心比山还要险恶。

一解市头语，便无乡里情。

【出处】（唐代）元稹《估客乐》。

【释义】一旦懂得了如何做生意，就不再顾及同乡的情谊了。

夫妇死同穴，父子贫贱离。

【出处】（宋代）陈师道《别三子》。

【释义】夫妻二人即使去世了也葬在一起，父子在贫困的时候却会分离。

世情薄，人情恶。

【出处】（宋代）唐婉《钗头凤·世情薄》。

【释义】世情淡薄，人心险恶。

一山突起丘陵妒。

【出处】（清代）龚自珍《夜坐》。

【释义】一座山突出的话，就会有丘陵嫉妒。比喻才华特别突出容易遭人嫉妒。

诚信正直

奴颜婢膝真乞丐。

【出处】（唐代）陆龟蒙《江湖散人歌》。

【释义】像奴才和婢女一样低三下四、卑躬屈膝的人是真正的乞丐。

一钱亦分明，谁能肆谗毁？

【出处】（宋代）陆游《送子龙赴吉州掾》。

【释义】即使花一分钱也清楚明白，谁还能说你的坏话、诽谤你呢？说明只要行为正直，别人也就无从谗毁。

清风两袖朝天去，免得闾阎话短长。

【出处】（明代）于谦《入京》。

【释义】我两袖清风去见皇上，免得人民议论长短。

生来一诺比黄金，那肯风尘负此心。

【出处】（清代）顾炎武《推官二子执后欲为之经营而未得也而二子死矣·其一》。

【释义】我生来就把承诺看得像黄金一样贵重，怎么能因为自身的困顿而背弃信义呢？那：通"哪"。

宽以待人

好事须相让，坏事莫相推。

【出处】（唐代）王梵志《好事须相让》。

【释义】好的事情要相互谦让，坏的事情不要相互推脱。

操与霜雪明，量与江海宽。

【出处】（唐代）常建《赠三侍御》。

【释义】节操像霜雪一样高洁，度量像江海一样宽广。

君子量不极，胸吞百川流。

【出处】（唐代）孟郊《投赠枢端公》。

【释义】君子的度量没有尽头，胸中可以容纳百川归流。

忍字常须作座铭。

【出处】（宋代）陆游《幽居遣懷》。

【释义】应当常将"忍"字作为自己的座右铭。

知行知止唯贤者，能屈能伸是丈夫。

【出处】（宋代）邵雍《伊川击壤·代书寄前洛阳簿陆刚叔秘校》。

【释义】知道什么该做，什么不该做，只有贤能的人才做得

能屈能伸是丈夫

到；能够忍让受辱，能够施展才能的，才是大丈夫。

一争两丑，一让两有。

【出处】（明代）吕得胜《小儿语》。

【释义】相互争斗，都会出丑；相互谦让，都会有所得。

择友交友

贫游不可忘，久交念敦敬。

【出处】（南朝·宋）鲍照《与伍侍郎别》。

【释义】贫困时结交的朋友不可以忘记，长久的交情令人敬佩。

由来意气合，直取性情真。

【出处】(唐代)杜甫《赠王二十四侍御契四十韵》。

【释义】向来只注重是否志趣相投，只选择那些真性情的人做朋友。

世人不解结交者，唯重黄金不重人。

【出处】（唐代）高适《赠任华》。

【释义】世间的人不懂得交友的道理，只看中钱财而不看中人品。

掘井须到流，结交须到头。

【出处】（唐代）贾岛《不欺》。

【释义】挖井要找到水为止，交朋友要有始有终。

本以势利交，势尽交情已。

【出处】（唐代）崔膺《感兴》。

【释义】一开始因为权势而结交的朋友，在权势失去之后，友情也就消失了。

红颜意气尽，白璧故交轻。

【出处】（唐代）卢照邻《羁卧山中》。

【释义】年轻人最看重的是意气相投，与老朋友的友情比白璧还要贵重。

平生知心者，屈指能有几。

【出处】（唐代）白居易《感逝寄远》。

【释义】人生在世，知心的朋友屈指可数。

古交如真金，百炼色不回。

【出处】（唐代）贯休《古意九首》。

【释义】古代的友情像真金一样坚固，即使经过千锤百炼也不会发生变化。

结交淡若水，履道直如弦。

【出处】（唐代）杜淹《寄赠乔公》。

欲交天下士，未面已虚襟

【释义】结交朋友应该像水一样淡薄，履行道义应该像弦一样正直。

欲交天下士，未面已虚襟。

【出处】（唐代）贺遂亮《赠韩思彦》。

【释义】想要结交天下间的杰出人物，在未见面之前就应该保持谦虚的心态。

严于律己

不僭不贼，鲜不为则。

【出处】（周代）《诗经·大雅·抑》。

【释义】没有差错，不伤害别人的人，很少有不成为别人榜样的。则：榜样。

渴不饮盗泉水，热不息恶木荫。

【出处】（晋代）陆机《猛虎行》。

【释义】口渴也不能喝偷来的泉水，酷热难当也不能在贱劣的树下休息。

直如朱丝绳，清如玉壶冰。

【出处】（南朝·宋）鲍照《代白头吟》。

【释义】德行正直像古琴上的红弦，心灵纯净像玉壶中的寒冰。

百年养不足，一日毁有余。

【出处】（宋代）王安石《寓言九首·其六》。

【释义】一个人品行的形成是很难的，但是要毁掉却是很容易的。

性如桂奈月中寒

学似海收天下水，性如桂奈月中寒。

【出处】（宋代）曾巩《寄晋州孙学士》。

【释义】做学问要尽可能多地掌握知识，像收取天下的海水一样；性情要坚忍不拔，像月宫中经霜斗寒的桂树一样。

栽培翦伐须勤力，花易凋零草易生。

【出处】（宋代）苏舜钦《题花山寺壁》。

【释义】种植树木必须经常剪伐，因为香花容易凋零，杂草容易生长。翦：通"剪"。

尊师重道

尔之教矣，民胥效矣。

【出处】（周代）《诗经·小雅·角弓》。

【释义】我如何教育，百姓就会如何效仿。

学无常师，唯德所在。

【出处】（三国·魏）卞兰《赞述太子赋》。

【释义】学习没有固定的老师，只要有德行的人就是老师。

今公桃李满天下，何用堂前更种花。

【出处】（唐代）白居易《奉和令公绿野堂种花》。

【释义】如今您已经桃李满天下了，哪里还用得着在堂前种花啊！

虚怀若谷

夫尺有所短，寸有所长；物有所不足，智有所不明。

【出处】（战国）《卜居》。

【释义】尺虽然比寸长，但和其他东西相比较，就会显出它的短；寸虽然比尺短，但和比其更短的东西相比较，就会显出它的长；事物总有不足，聪明的人也总有疑惑。说明要时刻保持谦虚的态度。

心虚体自轻，飘飘若仙步。

【出处】（晋代）何敬祖《杂诗》。

【释义】谦虚的人自然心情愉悦、步履轻盈。

身加一日长，心觉去年非。

【出处】（唐代）刘禹锡《元日感怀》。

【释义】自己又长了一岁，才发现了去年做的一些事是不对的。

虚怀若谷

自满九族散，匪骄百善寻。

【出处】（宋代）种放《谕蒙诗》。

【释义】一个人如果骄傲自满，即使是亲戚朋友也会纷纷离开；一个人如果谦虚谨慎，那自然会深得人心。匪：不。

才疏志大不自量，西家东家笑我狂。

【出处】（宋代）陆游《大风登城书雨》。

【释义】没有多大才能却树立远大志向的人，是不自量力，必然会遭到众人的嘲笑。

大勇若怯，大智若愚。

【出处】（宋代）苏轼《贺欧阳少师致仕启》。

【释义】勇敢的人，表面看上去很怯懦；聪明的人，表面看上去很愚笨。说明真正有才能的人最懂得谦虚。

节俭珍惜

睹农人之耕耘，亮稼穑之艰难。

【出处】（三国·魏）何晏《景福殿赋》。

【释义】亲眼看见了农民的辛勤耕耘，才真正知道了种田的艰难。

历览前朝国与家，成由勤俭败由奢。

【出处】（唐代）李商隐《咏史·其二》。

【释义】回顾之前的国家兴衰，成功来自于勤俭节约，败落都是因为奢侈浪费。

谁知盘中餐，粒粒皆辛苦。

【出处】（唐代）李绅《悯农·其二》。

【释义】要知道我们吃的每一粒粮食都饱含了农民的辛苦。说明要珍惜粮食。

一粒红稻饭，几滴牛颔血。

【出处】（唐代）郑邀《伤农》。

【释义】每一粒粮食中都包含着辛苦的血和汗。

克勤克俭，无怠无荒。

【出处】（宋代）郭茂倩《乐府诗集·梁大庙乐舞辞》。

【释义】既勤劳，又节俭，不懒惰，不荒弃。

品德操行

高山仰止，景行行止。

【出处】（周代）《诗经·小雅·车辖》。

【释义】高山要抬头瞻仰，大道要向前奔驰。比喻品德崇高的人，自然会有人敬仰；光明磊落的人，自然会有人效仿。

举世皆浊我独清，众人皆醉我独醒。

【出处】（战国）屈原《楚辞·渔父》。

【释义】整个社会都是混浊、肮脏的，唯独我一个人清净；所有的人都喝醉了，唯独我一个人清醒。

安能摧眉折腰事权贵，使我不得开心颜。

【出处】（唐代）李白《梦游天姥吟留别》。

【释义】我怎能俯首低眉地去侍奉权贵，而使自己心中郁郁寡欢呢！

长风破浪会有时，直挂云帆济沧海。

【出处】（唐代）李白《行路难三首·其一》。

【释义】我坚信总有一天可以乘风破浪，挂上云帆，横渡沧海，到达理想的彼岸。

一尘不染香到骨，姑射仙人风露身。

【出处】（宋代）张耒《腊初小雪后圃梅开二首·其二》。

【释义】不沾染一点俗尘，满身的香气由内而外地散发出来，就好像姑射山上的神仙一般。

宁可抱香枝上老，不随黄叶舞秋风。

【出处】（宋代）朱淑真《黄花》。

【释义】我宁愿抱着散发香气的树枝，老死在上面，也绝不要像枯黄的树叶一样随风飞舞。

粉骨碎身浑不怕，要留清白在人间。

【出处】（明代）于谦《咏石灰》。

【释义】即便是要粉身碎骨我也毫不畏惧，只想把清白留在人间。

血浓于水

哀哀父母,生我劬劳。

【出处】(周代)《诗经·小雅·蓼莪》。

【释义】可怜的父母啊!你们为了生养我而受尽了艰辛。

兄弟阋于墙,外御其务。

【出处】(周代)《诗经·小雅·常棣》。

【释义】即便兄弟在家里互相争执不下,到了有外人欺侮的时候,也会同心协力,对抗外敌。

本是同根生,相煎何太急。

【出处】(三国·魏)曹植《七步诗》。

【释义】本来就是一条根上生长出来的,为什么要煎煮得那么急呢?比喻兄弟互相伤害。

烽火连三月,家书抵万金。

【出处】(唐代)杜甫《春望》。

哀哀父母,生我劬劳

【释义】连绵的战火已经持续了很久，这个时候要是能收到一封家人的来信，真是比万两黄金还要贵重啊！

谁言寸草心，报得三春晖。

【出处】（唐代）孟郊《游子吟》。

【释义】谁说幼嫩的小草可以报答得了春天里阳光对它的照耀呢？比喻儿女远远无法报答母亲的养育之恩。

独在异乡为异客，每逢佳节倍思亲。

【出处】（唐代）王维《九月九日忆山东兄弟》。

【释义】孤身一人在他乡做客，常常想念家乡，每逢过节的时候，就会更加想念家乡的亲人。

洛阳城里见秋风，欲作家书意万重。

【出处】（唐代）张籍《秋思》。

【释义】秋天到了，洛阳城里又刮起了瑟瑟秋风，很想写一封信给家里，心中有许多的话要说。

物以稀为贵，情因老更慈。

【出处】（唐代）白居易《小岁日喜谈氏外孙女孩满月》。

【释义】物品因为稀有才珍贵，感情因为年老所以更加深厚。

不应有恨，何事长向别时圆？

【出处】（宋代）苏轼《水调歌头》。

【释义】月亮既然圆了，便不应该再有什么遗憾了，但是为什么它总是在离别之后才圆呢？

但愿人长久，千里共婵娟。

【出处】（宋代）苏轼《水调歌头》。

【释义】希望亲人可以平安健康，即使相隔千里，也可以共同欣赏这皎洁的明月。

无官一身轻，有子万事足。

【出处】（宋代）苏轼《贺子由生第四孙》。

【释义】不用当官了一身轻松，有了儿子就万事都满足。

一寸丹心图报国，两行清泪为思亲。

【出处】（明代）于谦《立春日感怀》。

【释义】我的一颗赤子之心渴望着为国效力，但是身在他乡，又不禁会因为思念亲人而泪流满面。

暗中时滴思亲泪，只恐思儿泪更多。

【出处】（清代）倪瑞璿《忆母》。

【释义】我总是会因为想念家人而暗地里落泪，恐怕母亲想念我，她流的泪水会更多。

君子之交

投我以木瓜，抱之以琼琚。匪报也，永以为好也。

【出处】（周代）《诗经·卫风·木瓜》。

【释义】别人送木瓜给我，那么我就要用琼琚回报他。这样做并不是为了回报，而是想要彼此珍重。

江南无所有，聊赠一枝春。

【出处】（南朝·宋）陆凯《赠范晔》。

【释义】在江南没有什么可以相送的，就姑且送你一枝带春的梅花吧。

桃花潭水深千尺，不及汪伦送我情。

【出处】（唐代）李白《赠汪伦》。

【释义】尽管桃花潭的水很深，但也比不上汪伦来送我的情义。

我寄愁心与明月，随君直到夜郎西。

【出处】（唐代）李白《闻王昌龄左迁龙标，遥有此寄》。

【释义】我把对你的关心和牵挂寄托给明月，希望它可以伴随你一起去那偏远的地方。

请君试问东流水，别意与之谁短长。

【出处】（唐代）李白《金陵酒肆留别》。

【释义】请你去问问那滚滚东流的长江水，看到底是它长还是我对你的情谊长。

劝君更尽一杯酒，西出阳关无故人。

【出处】（唐代）王维《送元二使安西》。

【释义】我的朋友，你还是再喝一杯吧，往西走出了阳关，就很难再见到老朋友了。

莫愁前路无知己，天下谁人不识君？

【出处】（唐代）高适《别董大》。

【释义】不要担心此去会没有知己，天下间有谁不知道你董庭兰啊！

海内存知己，天涯若比邻。

【出处】（唐代）王勃《杜少府之任蜀州》。

【释义】四海之内只要有知心的朋友，即使相隔万里也好像就在隔壁一样。

少年乐新知，衰暮思故友。

【出处】（唐代）韩愈《除官赴阙至江州寄鄂岳李大夫》。

【释义】年少的时候总是喜欢结交很多新的朋友，到老了却

少年乐新知，衰暮思故友

总是想念那些老朋友。

何当共剪西窗烛，却话巴山夜雨时。

【出处】（唐代）李商隐《夜雨寄北》。

【释义】什么时候我们才能倚着西窗剪烛长谈，向你倾诉巴山夜雨时我对你的思念。

情比金坚

窈窕淑女，君子好逑。

【出处】（周代）《诗经·周南·关雎》。

【释义】美丽的姑娘，是男子心中追求的对象。

青青子衿，悠悠我心。纵我不往，子宁不嗣音？

【出处】（周代）《诗经·郑风·子衿》。

【释义】你那青青的衣领总是萦绕在我的心间，就算我不能去看你，你难道就不能给我个音信吗？

琴瑟在御，莫不静好。

【出处】（周代）《诗经·郑风·女曰鸡鸣》。

【释义】琴瑟在共同演奏美妙的音乐。比喻夫妻之间和谐的生活。

一日不见，如三秋兮。

【出处】（周代）《诗经·王风·采葛》。

【释义】一天不见，好像过了三年啊！

盈盈一水间，脉脉不得语。

【出处】（汉代）《古诗十九首·迢迢牵牛星》。

【释义】牛郎和织女只是隔着一条清浅的银河，但是却只能脉脉相望而无法倾吐心声。

两相思，两不知。

【出处】（南朝·宋）鲍照《代春日行》。

【释义】我们两个彼此思念，却不知道对方也在思念自己。

君当作磐石，妾当作蒲苇。蒲苇纫如丝，磐石无转移。

【出处】（南朝·梁）徐陵《玉台新咏·古诗为焦仲卿妻作》。

【释义】你一定要像磐石一样，我要像蒲苇一样，蒲苇像丝一样坚韧，磐石坚定不移。

天长地久有时尽，此恨绵绵无绝期。

【出处】（唐代）白居易《长恨歌》。

【释义】天长地久也总会有尽头，但这愁恨却永远都不会消除。

在天愿作比翼鸟，在地愿为连理枝。

【出处】（唐代）白居易《长恨歌》。

【释义】在天上，我们愿意化作比翼鸟；在地上，我们愿意结为枝干交叉的大树。比喻爱情的坚贞不渝。

郎骑竹马来，绕床弄青梅。

【出处】（唐代）李白《长干行》。

【释义】小男孩骑着竹马而来，小女孩把玩着刚从门前折回的青梅枝。比喻青梅竹马、两小无猜。

嫦娥应悔偷灵药，碧海青天夜夜心。

【出处】（唐代）李商隐《嫦娥》。

【释义】月宫中的嫦娥应该后悔偷吃了灵药，如今只能心怀思念之情，每天凝望着碧海青天。

身无彩凤双飞翼，心有灵犀一点通。

【出处】（唐代）李商隐《无题·其一》。

【释义】我身上虽然没有像彩凤那样可以飞翔的翅膀，但是我们彼此心意相通，就像犀牛角的白色纹理一样。

红豆生南国，春来发几枝。愿君多采撷，此物最相思。

【出处】（唐代）王维《相思》。

【释义】红豆生长在南方，春天到来之后便会发芽。希望你多采摘一些，因为它最能代表思念之情。

得成比目何辞死，愿做鸳鸯不羡仙。

【出处】（唐代）卢照邻《长安古意》。

【释义】如果能够化作比目鱼，就算死了也没有什么遗憾了，我只希望可以做世间的鸳鸯而不羡慕天上的神仙。

曾经沧海难为水，除却巫山不是云。

【出处】（唐代）元稹《离思五首·其四》。

【释义】见过广阔的沧海水的人，别处的水便无法再吸引他了；除了巫山的云霞之外，别处的云就很难打动人心了。

剪不断，理还乱，是离愁，别是一番滋味在心头。

【出处】（五代·南唐）李煜《相见欢·无言独上西楼》。

【释义】那剪也剪不断、理也理不清的正是离愁，它始终围绕在心头，真是莫名的痛苦。

莫道不消魂，帘卷西风，人比黄花瘦。

【出处】（宋代）李清照《醉花阴·薄雾浓云愁永昼》。

【释义】不要说这样的景致不会让人黯然神伤，秋风吹起帘子，发现屋里的人比外面的菊花还要消瘦。

此情无计可消除，才下眉头，却上心头。

【出处】（宋代）李清照《一剪梅·红藕香残玉簟秋》。

【释义】相思之情是没有办法排遣的，刚刚离开了皱着的眉头，却又涌上了心头。

昨夜西风凋碧树，独上高楼，望尽天涯路。

【出处】（宋代）晏殊《蝶恋花·槛菊愁烟兰泣露》。

【释义】昨天夜里，西风来袭，绿树纷纷凋零，我一人登上高楼眺望，仿佛看到了道路的尽头。

千金曾买相如赋，脉脉此情谁诉?

【出处】（宋代）辛弃疾《摸鱼儿·更能消几番风雨》。

【释义】即使以千金买下司马相如的《长门赋》，可是满腹的情意要向谁倾诉呢?

相思本是无凭语，莫向花笺费泪行。

【出处】（宋代）晏几道《鹧鸪天·醉拍春衫惜旧香》。

【释义】相思是一种感觉，本来就无法用言语来表达，你就不要再对着信纸落泪了。

衣带渐宽终不悔，为伊消得人憔悴。

【出处】（宋代）柳永《蝶恋花·伫倚危楼风细细》。

【释义】身上穿的衣服越来越宽松了，我越来越消瘦了，但是我始终不曾后悔。表达对爱人的思念之情。

我住长江头，君住长江尾。日日思君不见君，共饮长江水。

【出处】（宋代）李之仪《卜算子》。

【释义】我住在长江的上游，你住在长江的下游。每天想念你而见不到，但我们共饮着同一条长江水。

两情若是久长时，又岂在朝朝暮暮。

【出处】（宋代）秦观《鹊桥仙》。

【释义】只要两个人心心相印、情意绵长，又何必非要时时刻刻腻在一起呢？

泪眼问花花不语，乱红飞过秋千去。

【出处】（宋代）欧阳修《蝶恋花二首·其一》。

【释义】泪眼婆娑地问花该怎么办，花不会回答，被风吹着飞过秋千去了。

问世间，情是何物，直教生死相许。

【出处】（金代）元好问《摸鱼儿·雁丘词》。

【释义】请问在这世间"情"到底是什么，可以让人生死相许。

情人眼里出西施

色不迷人人自迷，情人眼里出西施。

【出处】（清代）黄增《集杭州俗语诗》。

【释义】美色并不迷人，是人自己愿意被迷惑罢了；在恋人眼中，情人看到的永远都是对方的优点，想象着对方就像西施一样貌美如花。

爱原来就为的是相聚，为的是不再分离。

【出处】（当代）席慕容《无题》。

思乡情切

鸟飞反故乡兮，狐死必首丘。

【出处】（战国）屈原《九章》。

【释义】小鸟即使飞到很远的地方，最终还是会回到自己的故乡；狐狸死的时候，总会把头朝向自己的洞穴所在的小山头。

胡马依北风，越鸟巢南枝。

【出处】（汉代）《古诗十九首·行行重行行》。

【释义】北方的马依恋着北风，而南方的鸟儿则会把巢筑在朝南的枝头。词句托物言志，借动物的思乡之情，来暗喻自己对家乡的思念。

羁鸟恋旧林，池鱼思故渊。

【出处】（晋代）陶渊明《归园田居》。

【释义】笼中的小鸟留恋着原来在树林中无拘无束的生活，池中的鱼儿思念着从前可以自由嬉戏的湖泊。

床前明月光，疑是地上霜。举头望明月，低头思故乡。

【出处】（唐代）李白《静夜思》。

【释义】皎洁的月光洒在了床前，还以为是一层秋霜。抬起头仰望天上的一轮明月，不由得低下头想起了自己的故乡。

此夜曲中闻折柳，何人不起故园情。

【出处】（唐代）李白《春夜洛城闻笛》。

【释义】今天晚上听到了《折杨柳》的曲子，怎么能不勾起思乡之情啊！

露从今夜白，月是故乡明。

【出处】（唐代）杜甫《月夜忆舍弟》。

【释义】今天晚上才发现露水是白的，月亮还是故乡的比较明亮。

白日放歌须纵酒，青春作伴好还乡。

【出处】（唐代）杜甫《闻官军收河南河北》。

【释义】在这春光明媚的日子里，我要开怀畅饮，放声歌唱，返回久别的家乡。

君自故乡来，应知故乡事。

【出处】（唐代）王维《杂诗》。

【释义】你从故乡来，应该知道故乡发生的事情。

少小离家老大回，乡音无改鬓毛衰。儿童相见不相识，笑问客从何处来。

【出处】（唐代）贺知章《回乡偶书·其一》。

【释义】年少的时候就离开了家乡，年老了才回来，家乡话还没有改变，可是两鬓的头发却已经所剩无几了。小孩见了都不认识，笑着问我从哪里来的。

近乡情更怯，不敢问来人。

【出处】（唐代）宋之问《渡汉江》。

【释义】离家乡越来越近了，可是心里越发地不安了，连迎面而来的人都不敢询问一下，生怕家人发生了什么事情。

乡书何处达，归雁洛阳边。

【出处】（唐代）王湾《次北固山下》。

【释义】寄回去的家书不知道什么时候才能到达，归来的鸿雁什么时候才能飞到洛阳啊！

马上相逢无纸笔，凭君传语报平安。

【出处】（唐代）岑参《逢入京使》。

【释义】在骑马行进的途中和你相遇了，随身没有纸笔可以写封家书，唯有托你带个口信回家报平安。

云横秦岭家何在，雪拥蓝关马不前。

【出处】（唐代）韩愈《左迁至蓝关示侄孙湘》。

【释义】秦岭山间云雾缭绕，我的家在哪里啊？蓝关地势险要，现在大雪把它堵塞了，马也不能前进。

日暮相关何处是？烟波江上使人愁！

【出处】（唐代）崔颢《黄鹤楼》。

【释义】太阳就要落山了，极目远眺，哪里才是我的故乡呢？看着江上的浓浓迷雾，对家乡的思念也越来越浓重了。

春风又绿江南岸，明月何时照我还。

【出处】（宋代）王安石《泊船瓜州》。

【释义】春天又到了，千里江南又披上了绿装，明月什么时候才能照耀着我、陪伴着我，一起回到阔别已久的故乡呢！

小时候/乡愁是一枚小小的邮票/我在这头/母亲在那头/长大

中华句典

烟波江上使人愁

后乡愁是一张窄窄的船票/我在这头/新娘在那头/后来啊/乡愁是一方矮矮的坟墓/我在外头/母亲在里头/而现在/乡愁是一湾浅浅的海峡/我在这头/大陆在那头

【出处】（当代）余光中《乡愁》。

欣喜悲愤

采菊东篱下，悠然见南山。

【出处】（晋代）陶渊明《饮酒》。

【释义】在东篱之下采摘菊花，悠然之间，望见了南山的绝妙景色。

仰天大笑出门去，我辈岂是蓬蒿人。

【出处】（唐代）李白《南陵别儿童入京》。

【释义】我仰望天空，大笑着出门去做官，我怎么会是等闲之辈？

神欢体自轻，意欲凌风翔。

【出处】(唐代)韦应物《郡斋雨中与诸文士宴集》。

【释义】精神愉悦的时候，就会感觉身体轻盈，好像是要凌风飞翔一样。

一生大笑能几回？斗酒相逢须醉倒。

【出处】(唐代)岑参《凉州馆中与诸判官夜集》。

【释义】人生在世，开怀大笑的时间很少，朋友相逢就应该开怀畅饮、不醉不归。

竹杖芒鞋轻胜马，谁怕？一蓑烟雨任平生。

【出处】(宋代)苏轼《定风波》。

【释义】拄着拐杖，穿着草鞋，悠闲步行，比那些快马还要轻松自在。有什么可怕？身披一件蓑衣，就能在烟雨中度过一辈子。

多栽苋与藜，更有葱和韭。菜根咬来滋味厚。

【出处】(明代)杨廷和《清江引·竹亭漫兴》。

【释义】多栽种一些苋、藜、葱和韭，就连菜根吃起来滋味也很厚实。

天无涯兮地无边，我心愁兮亦复然。

【出处】(汉代)蔡琰《胡笳十八拍》。

【释义】我心中的忧愁没有尽头，就像天没有尽头、地没有边际一样。

箫声咽，秦娥梦断秦楼月。秦楼月，年年柳色，灞陵伤别。

【出处】(唐代)李白《忆秦娥》。

【释义】玉箫的声音悲凉哽咽，秦娥在梦中惊醒。家中楼上的明月，年年桥边的翠柳，都被灞陵桥上的离别之情感染。

抽刀断水水更流，举杯销愁愁更愁。

【出处】(唐代)李白《宣州谢朓楼饯别校书叔云》。

【释义】抽出宝刀砍断流水，却激起了更高的浪；举起酒杯借酒化解忧愁，却更添了几分忧愁。

白发三千丈，缘愁似个长。

【出处】(唐代)李白《秋浦歌·其十四》。

【释义】我的忧愁像头上的白发一样，有三千丈那么长。

与君离别意，同是宦游人。

【出处】(唐代)王勃《送杜少府之任蜀州》。

【释义】我和你都是远离家乡、别处为官的人，所以此时离别的情绪都是一样的。

夕阳无限好，只是近黄昏。

【出处】(唐代)李商隐《登乐游原》。

【释义】夕阳西下的景色无限美好，只可惜已是黄昏了。

前不见古人，后不见来者，念天地之悠悠，独怆然而涕下。

【出处】(唐代)陈子昂《登幽州台歌》。

【释义】回顾历史，见不到那些圣明的君王；展望未来，贤能的君主又不知道要等到什么时候才会出现。想到宇宙无限、人生短暂，不禁涕泪纵横。

酒力不能久，愁根无可医。

【出处】(唐代)杜荀鹤《途中春》。

【释义】酒力不能维持很久，它解决不了忧愁的根源。

问君能有几多愁，恰似一江春水向东流。

【出处】(五代·南唐)李煜《虞美人》。

【释义】问我有多少的忧愁，就像那一江滚滚东流的春水。

寻寻觅觅，冷冷清清，凄凄惨惨戚戚。

【出处】（宋代）李清照《声声慢》。

【释义】我独自一人寻寻觅觅，眼前只有冷冷清清的环境，面对此景，凄凉、惨淡、悲戚的心情一起涌上心头。

料得年年肠断处，明月夜、短松冈。

【出处】（宋代）苏轼《江城子·乙卯正月二十日夜记梦》。

【释义】猜想时时刻刻因为思念你而伤心断肠的地方，正是冷月照耀的夜晚，你长眠的种满松树的山冈。

多情自古伤离别，更那堪、冷落清秋节。

【出处】（宋代）柳永《雨霖铃》。

【释义】自古以来，多情的人最伤心的就是离别，更何况又碰上这凄凉的秋天。

二十四桥仍在，波心荡，冷月无声。念桥边红药，年年知为谁生？

【出处】（宋代）姜夔《扬州慢》。

【释义】二十四桥依然是以前的模样，江中绿波荡漾、空中月光寂静无声。想到桥边的芍药花，年年开放，却无人欣赏。

山河破碎风飘絮，身世沉浮雨打萍。

【出处】（宋代）文天祥《过零丁洋》。

【释义】山河破碎，就像是狂风中的飘絮；一生漂泊，就像是暴雨冲击下的浮萍一样。

山川地貌

关关雎鸠，在河之洲。

【出处】（周代）《诗经·周南·关雎》。

【释义】水鸟在关关地鸣叫，在河中的沙洲上嬉戏。

所谓伊人，在水一方。

【出处】（周代）《诗经·秦风·蒹葭》。

【释义】我所思念的那个心上人，就在这条河的另一头。

水何澹澹，山岛竦峙。

【出处】（三国·魏）曹操《观沧海》。

【释义】海水是那么的浩渺动人，碣石高高地耸立在海边。

相看两不厌，只有敬亭山。

【出处】（唐代）李白《独坐敬亭山》。

【释义】我和敬亭山默默对视，谁也不会觉得厌烦，看来能理解我心情的，也只有这座敬亭山了。

天门中断楚江开，碧水东流至此回。

【出处】（唐代）李白《望天门山》。

【释义】雄伟的天门山被长江从中劈开，奔腾向东的江水到了这里突然转个弯，向北流去。

飞流直下三千尺，疑是银河落九天。

【出处】（唐代）李白《望庐山瀑布》。

【释义】瀑布从高处飞流而下，让人误以为是银河倾泻到了人间。

黄河落天走东海，万里写入胸怀间。

【出处】（唐代）李白《赠裴十四》。

【释义】黄河仿佛从天而降，向东奔腾而去，它奔腾万里的气势，不禁让人感觉胸襟开阔。

欲渡黄河冰塞川，将登太行雪满山。

【出处】（唐代）李白《行路难》。

【释义】想要渡过黄河，但是河面却被冰雪封冻了；想要登上太行山，但是山路却被风雪封住了。

山随平野尽，江入大荒流。

【出处】（唐代）李白《渡荆门送别》。

【释义】崇山峻岭随着原野的出现而逐渐消失了，江水在这原野上缓缓地流。

杨柳青青江水平，闻郎江上唱歌声。

【出处】（唐代）刘禹锡《竹枝词》。

【释义】长江边杨柳摇曳，枝叶青翠，江水平滑如镜，岸上的少女突然听到一位青年男子的悠扬歌声随风而来。

遥望洞庭山水色，白银盘里一青螺。

【出处】（唐代）刘禹锡《望洞庭》。

【释义】远远望去，一片碧绿的洞庭湖水围绕着湖中的君山，就好像是白色银盘里一枚玲珑的青螺。

会当凌绝顶，一览众山小。

【出处】（唐代）杜甫《望岳》。

【释义】（我）一定要登上泰山的顶峰，从山顶俯瞰大地，那么其他的山就会显得特别渺小。会当：一定要。

星垂平野阔，月涌大江流。

【出处】（唐代）杜甫《旅夜书怀》。

【释义】眼前平原辽阔，天边的星星好像垂向地面；月影在水中涌动，大江奔流不息。

无边落木萧萧下，不尽长江滚滚来。

【出处】（唐代）杜甫《登高》。

【释义】无边无际的林木，树叶纷纷飘落；无穷无尽的长江，江水滚滚而来。

白日依山尽，黄河入海流。

【出处】（唐代）王之涣《登鹳雀楼》。

【释义】明亮的太阳傍着西山慢慢地落下，滔滔的黄河奔向广阔的大海。

黄河远上白云间，一片孤城万仞山。

【出处】（唐代）王之涣《凉州词·其一》。

【释义】远望黄河的源头来自云端，一座孤城之外是万丈高山。

空山不见人，但闻人语响。

【出处】（唐代）王维《鹿柴》。

【释义】空旷的山林里看不到一个人，只是隐约可以听到有人说话。

大漠孤烟直，长河落日圆。

【出处】（唐代）王维《使至塞上》。

【释义】浩瀚的沙漠中一道烽烟直冲而起，奔腾的黄河尽头的落日像车轮一样圆。

千山鸟飞绝，万径人踪灭。

【出处】（唐代）柳宗元《江雪》。

【释义】所有的山上都没有飞鸟的影子，所有的路上都看不到一个行人。

日出江花红胜火，春来江水绿如蓝。

【出处】（唐代）白居易《忆江南》。

【释义】在朝霞的映照之下，江边的红花比熊熊的火焰还要红；春天来到了，碧绿的江水像蓝草一样清澈、好看。

月落乌啼霜满天，江枫渔火对愁眠。

【出处】（唐代）张继《枫桥夜泊》。

【释义】明月已经西落、几声乌鸦的啼叫、满天的秋霜、江边的枫树、点点的渔火，面对这些只能伴着忧愁入眠。

不识庐山真面目，只缘身在此山中。

【出处】（宋代）苏轼《题西林壁》。

【释义】我之所以不能够看到庐山真正的样子，是因为我自己就在这座山中。

竹外桃花三两枝，春江水暖鸭先知。

【出处】（宋代）苏轼《惠崇春江晓景》。

【释义】翠绿的竹林掩映着两三枝绽放的桃花，鸭子在水中嬉戏，它们最先感到了江水的暖意。

山重水复疑无路，柳暗花明又一村。

【出处】（宋代）陆游《游山西村》。

【释义】千山万水环绕在一起，正想着前面可能没有路了，但一转弯，又看到了一个花红柳绿的小村庄。

青山遮不住，毕竟东流去。

谁言天地宽

【出处】(宋代)辛弃疾《菩萨蛮·书江西造口壁》。

【释义】高耸入云的青山也无法阻挡滚滚的河水向东流去。

泉眼无声惜细流，树阴照水爱晴柔。

【出处】（宋代）杨万里《小池》。

【释义】无声的细流从泉眼中流淌出来，摇晃的树影映在水中，迷恋这柔和的日光。

一水护田将绿绕，两山排闼送青来。

【出处】（宋代）王安石《书湖阴先生壁·其一》。

【释义】一条小河护卫着农田，环绕着绿色的作物；两座青山正对着房屋，仿佛要推门送上青翠的山色。

无限山河泪，谁言天地宽?

【出处】（明代）夏完淳《别云间》。

【释义】大好河山就这样失陷了，不禁让人悲从中来，谁还能说天地广阔无边呢？

风雨星月

举杯邀明月，对影成三人。

【出处】（唐代）李白《月下独酌》。

【释义】举起酒杯，邀请明月与我共饮，明月、我和地上的影子便有了三个人。

小时不识月，呼作白玉盘。

【出处】（唐代）李白《古朗月行》。

【释义】小的时候不知道那是月亮，还误以为是白玉做的盘子。

日照香炉生紫烟，遥看瀑布挂前川。

【出处】（唐代）李白《望庐山瀑布》。

【释义】在阳光的照射下，香炉峰上升腾起了紫色的烟雾，远远望去，瀑布就像一条白练从悬崖直挂到前面的河流上。

朝辞白帝彩云间，千里江陵一日还。

【出处】（唐代）李白《早发白帝城》。

【释义】清晨辞别了高耸入云的白帝城，只是一日的时间，便到了千里之外的江陵。

明月松间照，清泉石上流。

【出处】（唐代）王维《山居秋暝》。

【释义】皎洁的月光照耀在松林之上，清澈的泉水从石上缓缓流过。

空山新雨后，天气晚来秋。

【出处】（唐代）王维《山居秋暝》。

【释义】一场新雨过后，山谷越发显得幽静了；夜幕降临，秋风习习，秋意渐浓。

深林人不知，明月来相照。

【出处】（唐代）王维《竹里馆》。

【释义】我独坐在树林深处，没有人知道，只有明月相伴。

风劲角弓鸣，将军猎渭城。

【出处】（唐代）王维《观猎》。

【释义】弓箭射出，与强劲的风声一起呼啸，将军骑着骏马在渭城中狩猎。

寒雨连江夜入吴，平明送客楚山孤。

【出处】（唐代）王昌龄《芙蓉楼送辛渐》。

【释义】绵绵秋雨昨晚下了整整一夜，今天早上就在芙蓉楼送别朋友，剩下我一个人孤独地面对着楚山。

秦时明月汉时关，万里长征人未还。

【出处】（唐代）王昌龄《出塞》。

【释义】眼前见到的明月和秦朝的一样，关城和汉朝的一样，战争从未间断过，远征的人到现在都还没有回来。

清明时节雨纷纷，路上行人欲断魂。

【出处】（唐代）杜牧《清明》。

【释义】清明时节，春雨绵绵不绝，路上前去吊念亲人的行人，个个悲愁伤心。

寒雨连江夜入吴

远上寒山石径斜，白云生处有人家。

【出处】（唐代）杜牧《山行》。

【释义】深秋时节，沿着蜿蜒的小路上山，在那白云缭绕的地方，居然还有人家。

野径云俱黑，江船火独明。

【出处】（唐代）杜甫《春夜喜雨》。

【释义】雨夜中，外面漆黑一片，只有江船上的渔火分外明亮。

随风潜入夜，润物细无声。

【出处】（唐代）杜甫《春夜喜雨》。

【释义】绵绵细雨随着春风在夜里悄悄地落下，无声无息地滋润着大地万物。

柴门闻犬吠，风雪夜归人。

【出处】（唐代）刘长卿《逢雪宿芙蓉山主人》。

【释义】半夜时分，听到门外狗叫声，原来是有人顶风冒雪刚回来。

日暮苍山远，天寒白屋贫。

【出处】（唐代）刘长卿《逢雪宿芙蓉山主人》。

【释义】太阳落山了，远处的青山显得更加遥远；天气寒冷了，衬托得白屋更加贫寒。

月黑雁飞高，单于夜遁逃。

【出处】（唐代）卢纶《塞下曲·其三》。

【释义】月亮被云遮住，一片漆黑，大雁突然受惊飞起，原来是敌军偷偷地逃跑了。

清晨入古寺，初日照高林。

【出处】（唐代）常建《题破山寺后禅院》。

【释义】清晨，我步入这破旧的古寺庙，初升的太阳照耀着高耸的树林。

野旷天低树，江清月近人。

【出处】（唐代）孟浩然《宿建德江》。

【释义】原野空旷，极目望去，好像天比树还要低；江水清澈，水中的月影，好像更加靠近船上的人。

城阙辅三秦，风烟望五津。

【出处】（唐代）王勃《送杜少府之任蜀州》。

【释义】三秦守卫着长安城，你要去的蜀地，确实一片迷茫。

相见时难别亦难，东风无力百花残。

【出处】（唐代）李商隐《无题·其三》。

【释义】相见很难，离别更难，更何况是在这东风无力、百花凋零的季节！

北风卷地白草折，胡天八月即飞雪。

【出处】（唐代）岑参《白雪歌送武判官归京》。

【释义】北风席卷大地，白草都吹折断了，现在才到八月，塞外已经下起了大雪。

水光潋滟晴方好，山色空蒙雨亦奇。

【出处】（宋代）苏轼《饮湖上初晴后雨》。

【释义】明媚的阳光之下，西湖湖水荡漾、波光粼粼；阴雨的天气中，群山迷离朦胧，连细雨都有一种奇特的美。

我欲乘风归去，又恐琼楼玉宇，高处不胜寒。

【出处】（宋代）苏轼《水调歌头·明月几时有》。

【释义】我想要乘着风回到天上的月宫，可是又担心因为那里的琼楼玉宇太高而经受不住寒冷。

暖风熏得游人醉，直把杭州作汴州。

【出处】（宋代）林升《题临安邸》。

【释义】暖洋洋的春风，吹得游人醉醺醺的，竟把杭州当做了汴州。

花草树木

树木丛生，百草丰茂。

【出处】（三国·魏）曹操《观沧海》。

【释义】树木百草生长得十分茂盛。

天苍苍，野茫茫，风吹草低见牛羊。

【出处】（北朝）《敕勒歌》。

【释义】苍茫的蓝天，辽阔的原野，风儿吹过高高的草尖，现出了牛羊的影子。

绿树村边合，青山郭外斜。

【出处】（唐代）孟浩然《过故人庄》。

【释义】浓密的绿树环绕在村庄的周围，青山伫立在城郭之外。

夜来风雨声，花落知多少。

【出处】（唐代）孟浩然《春晓》。

【释义】睡梦中迷迷糊糊地听到风雨的声音，不知道又有多少花朵被吹落了。

晓看红湿处，花重锦官城。

【出处】（唐代）杜甫《春夜喜雨》。

【释义】早晨看到带着雨水的娇艳花朵，遍布了整个锦官城。

国破山河在，城春草木深。

【出处】（唐代）杜甫《春望》。

【释义】国家破碎了，山河依旧；空寂的城中人烟稀少，草木茂盛。

离离原上草，一岁一枯荣。

【出处】（唐代）白居易《赋得古原草送别》。

【释义】广阔的原野上，草长得十分茂盛，每年都是春天繁茂、秋天枯黄。

乱花渐欲迷人眼，浅草才能没马蹄。

【出处】（唐代）白居易《钱塘湖春行》。

【释义】五彩缤纷的春花，让人眼花缭乱；刚刚长出的春草，仅仅能够遮住马蹄。

天街小雨润如酥，草色遥看近却无。

【出处】（唐代）韩愈《早春呈水部张十八员外·其一》。

【释义】街上的春雨润滑如酥，远看草色青青，近看却没有绿色。

花间一壶酒，独酌无相亲。

【出处】（唐代）李白《月下独酌》。

【释义】花丛中摆着一壶美酒，我一个人自斟自饮，没有一个亲友陪伴。

曲径通幽处，禅房花木深。

【出处】（唐代）常建《题破山寺后禅院》。

【释义】一条蜿蜒的小路通向幽深的远处，走近一看，原来禅房就在花草繁茂的深处。

羌笛何须怨杨柳，春风不度玉门关。

【出处】（唐代）王之涣《凉州词·其一》。

【释义】羌笛何必要吹出《折杨柳》这样哀伤的曲调，埋怨春天迟迟不肯来到呢？是春风吹不到玉门关外啊！

晴川历历汉阳树，芳草萋萋鹦鹉洲。

【出处】（唐代）崔颢《黄鹤楼》。

【释义】汉阳的树木清晰可见，鹦鹉洲的青草茂盛喜人。

疏影横斜水清浅，暗香浮动月黄昏。

【出处】（宋代）林逋《山园小梅·其一》。

【释义】梅花稀疏的枝条倒映在清澈的池水中，梅花的清香在朦胧的月色中暗暗飘荡。

无可奈何花落去，似曾相识燕归来。

【出处】（宋代）晏殊《浣溪沙·一曲新词酒一杯》。

【释义】面对着花朵凋零散落，始终无可奈何；燕子每年都飞来飞去，好像似曾相识。

枯藤老树昏鸦，小桥流水人家，古道西风瘦马。

【出处】（元代）马致远《天净沙·秋思》。

【释义】乌鸦栖息在枯藤老树之上，小桥流水环绕着人家，秋风吹拂，一匹瘦马在古道上缓慢行走。

落红不是无情物，化着春泥更护花。

【出处】（清代）龚自珍《己亥杂诗·其五》。

【释义】红花飘零，不是它对树没有眷恋，而是要化作来年春天的泥土，更好地呵护花朵。

飞禽走兽

山气日夕佳，飞鸟相与还。

【出处】（晋代）陶渊明《饮酒》。

【释义】夕阳西落，山中云雾缭绕，结队的鸟儿相伴归来。

蝉噪林愈静，鸟鸣山更幽。

【出处】（南朝·梁）王籍《入若耶溪》。

【释义】蝉声阵阵，林间显得更加寂静；鸟鸣声声，山中显得更加幽远。

两岸猿声啼不住，轻舟已过万重山。

【出处】（唐代）李白《早发白帝城》。

【释义】两岸的猿叫声还没停止，轻舟已经穿过了万重青山。

众鸟高飞尽，孤云独去闲。

【出处】（唐代）李白《独坐敬亭山》。

【释义】众多的鸟儿都高飞远走了，就连天上的一片云彩也悄然离去了。

感时花溅泪，恨别鸟惊心。

【出处】（唐代）杜甫《春望》。

【释义】面对繁花，感伤国事，不禁泪流满面；鸟鸣惊心，更加想念家人。

两个黄鹂鸣翠柳，一行白鹭上青天。

【出处】（唐代）杜甫《绝句》。

【释义】两只黄鹂鸟在柳梢鸣叫，一行白鹭飞上了蓝天。

风急天高猿啸哀，渚清沙白鸟飞回。

【出处】（唐代）杜甫《登高》。

【释义】秋风萧瑟，天高气爽，猿声哀啸；渚清沙白，鸟儿飞了回来。

月出惊山鸟，时鸣春涧中。

【出处】（唐代）王维《鸟鸣涧》。

【释义】月亮出来，惊动了山中的小鸟，它们不停地在溪涧中鸣叫。

山光悦鸟性，潭影空人心。

【出处】（唐代）常建《题破山寺后禅院》。

【释义】山色使鸟儿愉悦、舒畅，深潭中的影子使人感觉远离尘嚣。

鸟宿池边树，僧敲月下门。

【出处】（唐代）贾岛《题李凝幽居》。

【释义】鸟儿栖息在池塘边的树上，僧人在月光下敲门。

草长莺飞二月天，拂堤杨柳醉春烟。

【出处】（清代）高鼎《村居》。

【释义】早春二月，绿草茂盛，黄莺飞舞，杨柳垂着长长的枝条，随风轻拂着堤岸，沉醉在迷雾当中。

四季时令

好雨知时节，当春乃发生。

【出处】（唐代）杜甫《春夜喜雨》。

【释义】好雨知道下雨的适当时节，正好是在春天植物发芽的时候。

野火烧不尽，春风吹又生。

【出处】（唐代）白居易《赋得古原草送别》。

【释义】不管烈火怎样燃烧，只要春风一吹，野草又出现了勃勃生机。

自古逢秋悲寂寥，我言秋日胜春朝。

【出处】（唐代）刘禹锡《秋词·其一》。

【释义】自古以来，秋天都被认为是悲凉、寂寥的，我却认为秋天要胜过春天。

孤舟蓑笠翁，独钓寒江雪。

【出处】（唐代）柳宗元《江雪》。

【释义】江上有一条孤零零的小船，船上坐着一个身披蓑衣、头戴斗笠的老人，在大雪覆盖的江面上独自垂钓。

忽如一夜春风来，千树万树梨花开。

【出处】（唐代）岑参《白雪歌送武判官归京》。

【释义】好像一夜之间春风吹来，所有的梨花都盛开了一样。用来形容白雪。

春种一粒粟，秋收万颗子。

【出处】（唐代）李绅《悯农·其一》。

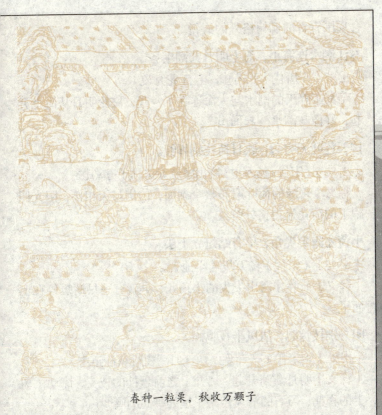
春种一粒粟，秋收万颗子

【释义】春天种下的是一粒粟，秋天收获的是万粒种子。

不知细叶谁裁出，二月春风似剪刀。

【出处】（唐代）贺知章《咏柳》。

【释义】不知道那细嫩的柳叶是谁裁出来的，原来是那像剪刀般的二月春风。

渭城朝雨浥轻尘，客舍青青柳色新。

【出处】（唐代）王维《送元二使安西》。

【释义】渭城的早上下了一场春雨，沾湿了轻扬的尘土，客舍周围青青的柳树格外的清新。

春江潮水连海平，海上明月共潮生。

【出处】（唐代）张若虚《春江花月夜》。

【释义】春天的潮水与大海连在了一起，一轮明月从海上升起，好像与潮水一起涌出。

接天莲叶无穷碧，映日荷花别样红。

【出处】（宋代）杨万里《晓出净慈寺送林子方·其二》。

【释义】碧绿的荷叶遍布整个湖面，仿佛与天相接；阳光照耀下的荷花显得格外鲜红。

小荷才露尖尖角，早有蜻蜓立上头。

【出处】（宋代）杨万里《小池》。

【释义】荷叶才露出尖尖的小角儿，早就有一只蜻蜓停在上面了。

明月别枝惊鹊，清风半夜鸣蝉。

【出处】（宋代）辛弃疾《西江月·夜行黄沙道中》。

【释义】明月渐渐升起，离开了之前悬挂的枝头，惊动了树上的喜鹊；习习的清风传来了远处蝉儿的鸣叫声。

春色满园关不住，一枝红杏出墙来。

【出处】（宋代）叶绍翁《游园不值》。

【释义】园里的花开得正好，这满园的春色是关不住的，一枝鲜艳的红杏伸出了墙外。

梅须逊雪三分白，雪却输梅一段香。

【出处】（宋代）卢梅坡《雪梅》。

【释义】梅花比不上雪花的晶莹洁白，但是雪花却在清香的气味上输给了梅花。

民间俗谚

俗谚，是流行在民间的、老百姓朗朗上口的格言式短语，是由许多社会经验法则，长辈智慧所累积出来的最精练的文句。虽是闾巷俚俗，缺少文人雕琢的痕迹，然其描摹之深刻，劝惩之到位，语锋之犀利，趣味之浓郁，感情之率真，为民间所喜，确是中华独具魅力的文化瑰宝。

俗谚世代流传，带有浓厚的乡土气息，深刻地反映了社会的风貌和思想意识，最为人们所喜闻乐见。年长者读之倍感亲切，年轻者读之顿觉新鲜，连一字不识的老翁老妪都能迸出一两句令人忍俊不禁的谚语。谚语，于平凡中展露伟大的智慧。

世事沧桑

隔行如隔山。

一报还一报。

水清不养鱼。

船大难调头。

水火不相容。

军令如山倒。

水过地皮湿。

同行是冤家。

玩火者必自焚。

安乐须防患难时。

磨刀不误砍柴工。

有一利必有一弊。

自酿苦酒自己喝。

一样人情两样看。

人心难测水难量。

占小便宜吃大亏。

水高漫不过船去。

酒香不怕巷子深。

水浅养不住大鱼。

上山容易下山难。

攀得高，跌得重。

开弓没有回头箭。

夜越黑，星越明。

干打雷，不下雨。

不熟的果子不香。

船大才能走四海。

一石激起千层浪。

良医门前病人多。

好马不吃回头草。

有心不怕来路远。

没有规矩，不成方圆。

人无完人，金无足赤。

大树之下，必有枯枝。

海阔有边，海深有底。

江山易改，本性难移。

死亡易忘，衰老难觉。

人恋旧物，马恋旧槽。

重赏之下，必有勇夫。

草不除根，终将复生。

南甜北咸，东辣西酸。

创业百年，败家一天。

流多少汗，吃多少饭。

种瓜得瓜，种豆得豆。

真情实感

久别胜新婚。

知子莫若父。

虎毒不食子。

巧妻常伴拙夫眠。

拜倒在石榴裙下。

龙配龙，凤配凤。

高不成，低不就。

自古红颜多薄命。

英雄难过美人关。

养儿才知父母恩。

床头打架床尾和。

夫妻没有隔夜仇。

如花解语，似玉生香。

嫁鸡随鸡，嫁狗随狗。

有福同享，有难同当。

小孩想妈，游子想家。

瞎子知音，熟人知心。

朋友亲过头，翻脸就成仇。

岁寒知松柏，患难见真情。

不求同日生，但愿同日死。

人心换人心，四两换半斤。

宝剑赠勇士，红粉赠佳人。

姨姨亲姑姑亲，砸断骨头连着筋。

男是天，女是地，两口子要和气。

世人须要终生伴，终生伴是生活桥。
如能带上金戒指，划破指头也甘愿。
缸里无米铲子贵，老来无儿闺女亲。
娘愿为娃当牛马，娃子长大忘了娘。
合得来，过得亲，同得筷子共得碗。
有肉有酒多兄弟，急难何曾见一人。
扎脚夫妻讲情意，半路夫妻讲实惠。

好花插在牛屎上，好女嫁给叫花郎。

家花虽丑耐得久，野花虽香不久长。

世间多少痴心女，就有多少负心汉。

万两黄金容易得，知心一人世难求。

心境杂感

冤家路窄。

吃力不讨好。

粗茶淡饭就是福。

身在福中不知福。

跳进黄河洗不清。

人望幸福树望春。

仇人相见，分外眼红。

常骂不惊，常打不怕。

怒是猛虎，欲是深渊。

否极泰来，苦尽甘来。

退一步想，过十年看。

比上不足，比下有余。

赌气伤财，怄气伤肝。

人心不足，欲海难填。

三思有益，一忍为高。

萝卜白菜，各有所爱。

善有善报，恶有恶报。

事前不思量，事后必后悔。

知足得安宁，贪心易招祸。

气是无明火，忍是敌灾星。

知足得安宁

猫头鹰喜黑夜，雄鸡盼天亮。
吃饭要知牛马苦，穿丝应记养蚕人。
黄金从矿石中提炼，幸福从艰苦中取得。
多笑使人延年益寿，多恼催人衰老多病。

家长里短

破罐子破摔。
严父出孝子。
人靠衣服马靠鞍。
防风就要先堵洞。
婆婆有德媳妇贤。
久病床前无孝子。

有理媳妇道德婆。

有钱难买亲生子。

三十往上，眼皮打囊。

一人吃饱，全家不饿。

家经难念，家贼难防。

人活一世，吃饭穿衣。

小时偷针，大时偷金。

舌长事多，夜长梦多。

不理家务事，不知理家难。

路湿早脱鞋，遇事早安排。

人老骨头硬，树老根子深。

树老果不老，人老心不老。

姜是老的辣，酒是陈的香。

夫妻一条心，胜过千万金。

两好并一好，爱亲才作亲。

精婆姨忙九月，憨婆姨忙腊月。

最亲莫过母子，最爱莫如夫妻。

恋人莫恋金钱，爱人莫爱容颜。

开门七件事，柴米油盐酱醋茶。

上有老，下有小，自己穿个破裙袄。

管了儿子管孙娃，一年四季紧抓挖。

好吃不过茶泡饭，好看不过素打扮。

金窝窝，银窝窝，不如自家的土窝窝。

户家老汉三件宝，烟锅子锄头破棉袄。

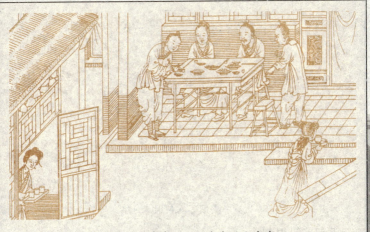

金窝窝，银窝窝，不如自家的土窝窝

社会交往

帮理不帮亲。

近人不说远话。

井水不犯河水。

打狗看主人面。

丑话说在前头。

有理不在声高。

八竿子打不着。

五十步笑百步。

吃一堑，长一智。

千斤唾沫淹死人。

恶人终会有恶报。

背靠大树好乘凉。

要问客人何时来

惹不起，躲得起。
兔子不吃窝边草。
一语惊醒梦中人。
当面银子对面钱。
红花也得绿叶扶。
一不做，二不休。
不是冤家不聚头。
心有余而力不足。
与人方便，与己方便。
天下没有不散的筵席。
马看牙板，人看言行。
大海无盖，人心无底。
过了河就拆桥，吃了果子忘了树。
别问客人何时走，要问客人何时来。
处世让一步为高，待人宽一分是福。
大人不计小人过，宰相肚里能撑船。
不看僧面看佛面，不恋鱼情恋水情。

有酒大家喝才香，有话当面说才亲。

今生已受前生福，再结来生不了缘。

农事时令

春捂秋冻。

十雾九晴。

春雨贵如油。

秋风扫落叶。

瑞雪兆丰年。

春争日，夏争时。

下雪不寒化雪寒。

蚂蚁垒窝天将雨。

七月北风及时雨。

芝麻开花节节高。

苗儿出得齐，丰收不用提

瓜到熟时蒂自落。

天阴总有天晴时。

花开自有花落日。

花到开时自然红。

东风下雨西风晴。

谷子要好，犁深粪饱。

河坝不修，田就沙洲。

蜜蜂迟归，雨来风吹。

半夜东风起，明日好天气。

雨后刮东风，未来雨不停。

南风吹到底，北风来还礼。

南风怕日落，北风怕天明。

南风多雾露，北风多寒霜。

夜夜刮大风，雨雪不相逢。

苗儿出得齐，丰收不用提。

水缸出汗蛤蟆叫，不久将有大雨到。

先雷后雨雨必小，先雨后雷雨必大。

先下牛毛没大雨，后下牛毛不晴天。

大暑小暑不是暑，立秋处暑正当暑。

白露早，寒露迟，秋分播种最合适。

小暑早，立秋迟，大暑培垅最合适。

头伏萝卜二伏芥，末伏里头种荞麦。

时光飞逝

人间花月堂堂去。

快乐时光去如飞。

有钱难买少年时。

失落光阴无处寻。

懒人嘴里明天多。

今日事，今日毕。

时间一分，贵如千金。

尺璧非金，寸阴是金。

见缝插针，分秒必争。

光阴似箭，日月如梭。

爱惜时间，诚如生命。

宝石易找，时间难买。

早起三光，晚起三慌。

时间无私，历史无情。

今年不比往年，老年不如少年。

宁抢今天一秒，不等明天一分。

大豆不挤不出油，时间不挤自会溜。

水泼地上难捧回，时间流逝难挽回。

有钱难买二八月，黄金难买少年时。

一人不会活两世，一天没有两个晨。

长江一去无回浪，人老何曾再少年。
百岁光阴如捻指，人生七十古来稀。
错过银钱犹之可，错过光阴无处寻。

积极进取

好儿女志在四方。
宁苦干，不苦熬。
铁要打，人要练。
吃在前，干在后。
人要闯，马要放。
月凭日光亮，人凭志气壮。
雄鹰不怕风，好汉不怕死。
胸有凌云志，无高不可攀。
只要路子对，不要怕摔跤。
行行出状元，处处有能人。
十年寒窗苦，成才自逍遥。

无高不可攀

成事多艰难，功到自然成。
只要下狠劲，无事办不成。
好马不停蹄，好牛不停犁。
喊破嗓子，不如甩开膀子。
无志山压头，有志人搬山。
没有松柏性，难得雪中青。
雨淋青松松更青，雪打红梅梅更红。
心中有了大目标，泰山压顶不弯腰。
状元本是人间子，宰相亦非天上儿。
只有上不去的天，没有做不成的事。
船的力量在帆上，人的力量在心上。
鹰飞高空鸡守笼，两者理想各不同。

敏而好学

贪多嚼不烂。
艺多不压身。
一心不能二用。
见者易，学者难。
看花易，绣花难。
字要习，马要骑。
活到老，学到老。
到处留心皆学问。
读一书，增一智。
问遍千家成一家。
先学爬，后学走。
好记性不如烂笔头。

光说不练，枉学百年。
树靠人修，人靠自修。
读书需用心，一字值千金。
学如逆水行舟，不进则退。
不吃饭则饥，不读书则愚。
不知又不问，一辈子瞎胡混。
牧人娃会放羊，猎户娃会打狼。
花朵要用水浇，儿童要用书教。
要学好，多动脑；要学深，须认真。
树不修，长不直；人不学，没知识。
蜂采百花酿甜蜜，人读群书明真理。
吃饭不嚼不知味，读书不想不知意。
笨鸟先飞早入林，笨人勤学早入门。
心专才能绣得花，心静才能织得麻。

学海无涯苦作舟

一回生，二回熟，三回过来当师傅。

书山有路勤为径，学海无涯苦作舟。

积累知识在于勤，学问渊博在于恒。

经典智慧

严师出高徒。

无谎不成媒。

鲤鱼跳龙门。

事实胜于雄辩。

正面文章反面看。

好花也得水来浇。

自家有病自家知。

有心采花无心戴。

踩着别人脚印走。

摔了跟头学了乖。

糊涂人算糊涂账。

好舵手能使八面风。

纸扎的老虎看得穿。

鸟靠翅膀，人靠智慧。

打虎要力，捉猴要智。

花无常开，人无常好。

不怕山高，就怕脚软。

当局者迷，旁观者清。

聪明一世，糊涂一时。

宁舍金冠一顶，不跟愚人较量。

猛虎不处劣势，劲鹰不立垂枝。

穷人不攀高亲，落雨不爬高坡。

酒虽养性亦乱性，水能载舟亦覆舟。

劈柴要看丝路子，打狼要看狼爪子。

成败得失

兵败如山倒。

叫好不叫座。

好人遭雷打。

拆穿西洋镜。

一发不可收拾。

一竿子插到底。

兵无粮草自散

难登大雅之堂。

讨饭的丢了锅。

碰了一鼻子灰。

兵无粮草自散。

初生牛犊不怕虎。

尽人事，听天命。

牛打江山马败家。

一口吃不成胖子。

上吊还要喘口气。

一步走错满盘输。

一失足成千古恨。

煮熟的鸭子飞了。

砍倒大树有柴烧。

赢得猫儿丢了牛。

打败的鹌鹑斗败的鸡。

成事不足，败事有余。

困难常常有，千万别低头。

失败得教训，成功获经验。

人强再添九分劲，马壮又加十八鞭。

人有两条腿，没有过不去的高山嘴。

明辨是非

有赏必有罚。

疑心生暗鬼。

搔头不都是和尚。

丁是丁，卯是卯。

指着秃子骂和尚。

人前不说悄悄话。

挡路石头有人端。

桥归桥，路归路。

船到江心补漏迟。

谁家的锅底子不黑。

茄子一行，葱一行。

雷响天下明，水落石头现。

出门看天气，进门看脸色。

白马配黑脸，白人戴墨帽。

用着是个宝，用不着是个草。

一言不合实际，百言无人相信。

穷别垂头丧气，富别骄奢淫逸。

挡得住千人手，捂不住百人口。

做事少，烦恼少；识人多，是非多。

谗言败坏君子，冷箭射死忠臣。

有理走遍天下，无理寸步难行。

纸里包不住火，雪里埋不住死人。

谦恭虚心

多问不吃亏。

真人不露相。

水小声势大。

狗取狮子名。

打肿脸充胖子。

请教别人不蚀本。

请教别人不蚀本

虚心竹有低头叶。

死要面子活受罪。

自称好，烂稻草。

人骄傲，成绩小。

眼睛生在额角上。

半瓶醋，好晃荡。

眼里容不下沙子。

思想骄，作风飘。

天山不是堆的，好名声不是吹的。

山外有山，天外有天，人外有人。

强中更有强中手，一山还比一山高。

骄傲走在失败的前头，羞愧跟在失败的后头。

完善品德

人面值千金。
狗眼看人低。
衣食俭中求。
百密也有一疏。
漂亮话不真实。
一臣不保二君。
明人不做暗事。
好将不提当年勇。
挂羊头，卖狗肉。
得了便宜还卖乖。
大酒醉人，大话恼人。
公而忘私，舍己为人。
一人掘井，众人吃水。
恩将仇报，借酒还水。
船靠舵正，人靠心正。
宁为玉碎，不为瓦全。
路见不平，拔刀相助。
思前顾后，衣食常够。
爱衣常暖，爱食常饱。
家有千金，不点双灯。
见人说人话，见鬼说鬼话。
有奶便是娘，有钱便是爹。
树弯影不直，人邪心不正。
端起碗吃肉，放下碗骂娘。

讷讷寡言者未必愚

不怕红脸关公，就怕抿嘴菩萨。

居家不能不俭，创业不能不勤。

家有万石，不脱补衣，不丢剩饭。

莫在人前夸海口，强中还有强中手。

雪中要学山上松，风前不做墙头草。

平生不做亏心事，半夜敲门心不惊。

自私自利人人憎，大公无私人人敬。

宁为短命全贞鬼，不作偷生失节人。

一粒米，一滴汗，粒粒粮食汗珠换。

只有勤来没有俭，好比有针没有线。

算了再用常有余，用了再算悔已迟。

当用则万金不惜，不当用一文不费。

出门走路看风向，穿衣吃饭量家当。

害人之心不可有，防人之心不可无。

要说人家缺三短四，自己要有十全十美。

对付毒蛇般的恶棍，需要恶狼般的杀手。

自重者，然后人重；人轻者，由于己轻。

讷讷寡言者未必愚，喋喋利口者未必智。

奇趣歇后语

歇后语，也称『俏皮话』，是汉语独有的文字游戏。歇后语将一句话分成两部分来表达某种含义：前一部分是隐喻或比喻，后一部分是对前一部分的解释，使用的人往往只说出比喻部分，解释部分则让对方自己领悟。

『歇后』之名最早出现在唐代，旧唐书·郑綮列传提到『郑五歇后体』，但其作为一种语言形式，远在先秦时期就已出现，如『亡羊补牢，未为迟也』。歇后语集中反映了人民群众的聪明才智，具有鲜明的民族特色和浓郁的生活气息，幽默风趣，耐人寻味。

众生百态

打开天窗——说亮话

打破砂锅——问（纹）到底

对牛弹琴——白费劲

瞎子点灯——白费蜡

海底捞月——一场空

打柴的下山——担心（薪）

外甥打灯笼——照旧（舅）

王八的屁股——规定（龟腚）

寡妇门前——是非多

螃蟹过河——七手八脚

刘备招亲——弄假成真

王八吃秤砣——铁了心

麻子跳伞——天花乱坠

纸糊的琵琶——谈（弹）不得

竹篮子打水——一场空

麻雀虽小——五脏俱全

半个铜钱——不成方圆

鲁班门前耍斧——献丑

冰糖煮黄连——同甘共苦

小巫见大巫——相形见绌

黄鼠狼觅食——见机（鸡）行事

温水煮板栗——半生不熟

蚊子叮鸡蛋——无缝可钻

蚊子找蜘蛛——自投罗网

热锅上的蚂蚁——团团转

庙里的佛爷——有眼无珠

麻雀的肚腹——心眼狭小

密封船下水——开口是祸

麻秆打老虎——不痛不痒

蚂蚁背螳螂——肩负重任

姜太公钓鱼——愿者上钩

泥菩萨过江——自身难保

肉包子打狗——有去无回

乌龟下楼梯——连滚带爬

观音庙许愿——真心实意

寡妇烧灵牌——一了百了

庙里的和尚——无牵无挂

老龙王投江——死得其所

朝廷的太监——后继无人

玉皇大帝送礼——天大人情

山坳上的松树——饱经风霜

捡芝麻丢西瓜——贪小失大

懒婆娘的裹脚——又臭又长

茅坑里的石头——又臭又硬

七窍通了六窍——一窍不通

秦始皇灭六国——一统天下

头发里找粉刺——吹毛求疵（刺）

麻油煎豆腐——下了大本钱

媒婆夸姑娘——说得像仙女

没有根的浮萍——无依无靠

大肚子踩钢丝——铤（挺）而走险

请狼来做客——活得不耐烦

十字街口贴告示——众所周知

老太太吃汤圆——囫囵吞

孙悟空的眼睛——火眼金睛

秀才遇到兵——有理讲不清

秦桧杀岳飞——罪名莫须有

吕太后的筵席——福祸不测

拔节的竹笋——天天向上

冰糖作药引子——苦中有甜

吴三桂引清兵——吃里爬外

砂锅里捣蒜——一锤子买卖

念完了经打和尚——没良心

西瓜地里散步——左右逢源（圆）

寒冬腊月穿凉鞋——自动（冻）自觉（脚）

百万雄师过大江——势不可当

百家姓里的老四——说的是理（李）

白水锅里揭豆腐皮——办不到

晋国借路攻北虢——唇亡齿寒

半天云里吹唢呐——哪里哪里

张飞撤退长坂坡——过河拆桥

刘备的兄弟——红黑都是对的

凿壁借光夜读书——一孔之见

猪八戒吃人参果——不知其味

唐朝的臣子狄青——不可貌相

十五只水桶打水——七上八下

一个巴掌拍不响——孤掌难鸣

一根头发系石磨——千钧一发

瘸子靠着瞎子走——取长补短

见了骆驼说马肿——少见多怪

拿着草帽当锅盖——乱扣帽子

八仙过海不用船——自有法度（渡）

南天门上种南瓜——难（南）上加难（南）

泥菩萨身上长了草——慌（荒）了神

泥人儿掉在河里——没人样了

茶壶煮饺子——有嘴道（倒）不出

拿着和尚当秃子打——冤枉好人

起重机吊鸡毛——不费吹灰之力

白骨精见了孙悟空——现原形了

包子馒头做一笼——大家都争气

吃了二十五只老鼠——百爪挠心

八月的天气——一会儿晴，一会儿雨

王八肚子上插鸡毛——龟（归）心似箭

十二生肖

耗子上吊——猫逼的

耗子拿枪——窝里反

耗子窟窿——填不满

猫戏老鼠——哄着玩

古董店里捉老鼠——不好下手

老鼠掉进醋缸——一身酸气

被追打的老鼠——见洞就钻

老鼠留不得隔夜粮——好吃

老鼠给大象指路——越走越窄

耗子滚到面柜里——乐糊涂了

老鼠骑在猫身上——好大的胆子

耗子偷米汤——勉强糊得着嘴巴

开水泼老鼠——不死也要脱层皮

打死老鼠喂猫——恼一个，好一个

打鼠不着反摔碎罐罐——因小失大

牛打架——死顶

老牛筋——难啃

牛犊拉车——乱套

骑牛找牛——老糊涂

天生的牛性——古怪

牛皮鼓湿水——不响

牛蹄子两瓣——合不拢

生成的牛角——直不了

兔子当牛使——乱套了

老牛吃青草——两边扫

牛角上挂稻草——轻巧

牛身上爬蚂蚁——不显眼

黄牛犁地——有劲慢慢使

老牛拖破车——一摇三摆

老牛拉破车——慢慢腾腾

牛死日也落——祸不单行

劝牛不吃草——白费口舌

杀鸡用牛刀——小题大做

瞎牛撞草堆——碰着就吃

打个喷嚏吓死虎——赶巧

老虎演戏——好看也别看

老虎当和尚——人面兽心

画上的老虎——吃不了人

老虎不吃人——恶名在外

老虎兜圈子——一回就够

老虎赶牛群——志在必得

徒手打老虎——有勇无谋

被窝里喂虎——害人又害己

老虎打瞌睡——难得的机会

山中无老虎——猴子称大王

虎嘴上拔毛——好大的胆子

带素珠的老虎——假念弥陀

老虎不嫌黄羊瘦——沾荤就行

山羊见了老虎皮——望而生畏

八虎闯幽州——死的死，丢的丢

兔子耳朵——听得远

红毛兔子——老山货

狡兔撞鹰——以攻为守

兔子不吃窝边草——留情（青）

属兔子的——一蹦三尺高

拾柴打兔子——一举两得

兔子逗老鹰——没事找事

兔子逼急了——还会咬人哩

坛子里养兔子——越养越小

兔子成精——比老虎还厉害

老虎皮，兔子胆——色厉内荏

兔子蹦到车辕上——充大把式

兔子坐上虎皮椅——六神无主

猴子笑兔子尾巴短——彼此彼此

小脚女人追兔子——越追越没影儿

羊群里跑个兔子——数它小，数它精

兔子靠腿狼靠牙——各有各的谋生法

龙船上装大粪——臭名远扬

蛟龙头上搔痒——溜须不要命

唱戏的穿龙袍——成不了皇帝

麻布袋做龙袍——不是这块料

蛟龙困在沙滩上——威风扫地

龙头不拉拉马尾——用力不对路

八月十五看龙灯——迟了大半年

杂草里头藏龙身——农家出英才

要饭的给龙王上供——穷人有个穷心

大水冲了龙王庙——一家人不认识一家人

蛇吃鳗鱼——比长短

蛇入曲洞——退路难

蛇入筒中——曲性在

蛇钻竹筒——一条路

洞里的蛇——不知长短

打蛇不死——后患无穷

画蛇添足——多此一举

蛇吞大象——好大的胃口

蛇钻窟窿——顾前不顾后

地头蛇请客——福祸莫测

冬天的蟒蛇——有气无力

打蛇打七寸——攻其要害

青蛙钻蛇洞——自寻死路

毒蛇的牙齿马蜂的针——最毒

踩着麻绳当蛇——大惊小怪

马打架——看题（蹄）

马撩后腿——逞强

马后炮——弄得迟了

盲人骑瞎马——乱闯

庙里的马——精（惊）不了

猴子骑马——一跃而上

马尾做弦——不值一谈（弹）

坐马打电话——奇（骑）闻

怀里揣马勺——成（盛）心

纸马店的货——等着烧

鞋子里跑马——没几步

马背上看书——走着瞧

河马打呵欠——好大的口气

马背上定掌——离题（蹄）太远

套马杆子逮兔子——瞎胡闹

临时上轿马撒尿——手忙脚乱

爬上马背想飞天——好高骛远

秦叔宝的黄骠马——来头不小

跑了羊修圈——防备后来

放羊娃喊救命——狼来了

羊钻进了虎嘴里——进得来，出不去

猴学样——装相

猴子看书——假斯文

猴子耍拳——小架式

猴子唱大戏——胡闹台

猴子吃大蒜——翻白眼

猴子吃核桃——全砸了

猴子捞月亮——空欢喜一场

烫了屁股的猴子——急红了眼

猴子爬石崖——显出你的能耐了

猴子爬上樱桃树——粗人吃细粮

鸡毛上天——随风飘

鸡碰蜈蚣——死对头

鸡衔骨头——替狗累

鸡飞蛋打——两头空

鸡蛋里挑骨头——百般挑剔

周扒皮学鸡叫——自找挨打

小鸡吃碗碴儿——肚里有词（瓷）

鸡毛与蒜皮——没多少斤两

黄鼠狼给鸡拜年——没安好心

拿着鸡毛当令箭——小题大做

德州扒鸡——窝着脖子别着腿

公鸡头上的肉——大小是个官（冠）

黄鼠狼嘴下逃出的鸡——好运气

母鸡下蛋呱呱叫——生怕别人不知道

老公鸡戴眼镜——官（冠）儿不大，架子不小

脆瓜打狗——零碎

裁缝打狗——有尺寸

狗吃王八——找不到头

狗逮老鼠猫看家——反常

苍蝇嘴巴狗鼻子——真灵

狗咬吕洞宾——不识好人心

街头的狗——谁有吃的就跟谁走

三伏天的狗——上气不接下气

千年的野猪——老虎的食

吃猪肉念佛经——假善人

老母猪打架——动口不动手

坛子里喂猪——一个一个地来

屋檐下挂猪胆——苦水滴滴

杀猪用铅笔刀——全凭诀窍

老母猪吃铁饼——好硬的嘴

恶狼专咬瘸腿猪——以强欺弱

死猪不怕开水烫——豁出去了

小媳妇买猪内脏——提心吊胆

田埂上修猪圈——肥水不落外人田

情感角落

秋茄子——子（籽）多

河里螃蟹——有家（夹）

顺水人情——好做

荷花结子——心连心

门角里装灯——关照

六月芥菜——假有心

胸腹透视——肝胆相照

胸口画娃娃——心上人

看戏流眼泪——有情人

下雨天出太阳——假情（晴）

向着太阳的花——爱情（晴）

雨后送伞——不领你的情

钝刀子切藕——藕断丝连

兄弟二人猜拳——哥俩好

要饭的拜把子——患难之交

玉皇大帝做媒——天作之合

一口锅里吃饭——不分彼此

扔掉拐棍作揖——老兄老弟

肚子里装文章——心心相印

贾宝玉见林妹妹——一见如故

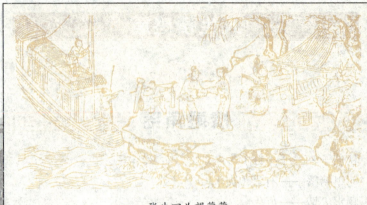

张生回头望莺莺

王宝钏等薛平贵——忠贞不渝

张生回头望莺莺——恋恋不舍

剥开皮肉种红豆——相思入骨

梁山伯与祝英台——生死相依

张生碰到崔莺莺——一见钟情

东边日出西边雨——说他无情（晴）也有情（晴）

一块腊肉藏在饭碗里头——有人情显不出来

欢乐喜庆

到了重庆——双喜

老来得子——大喜

弥勒佛——笑口常开

范进中举——喜疯了

新媳妇怀孕——暗喜

隔岸观火——看热闹

鸳鸯戏水——两相欢

九九艳阳天——好日子

剖鱼得珠——喜出望外

过年娶媳妇——双喜临门

敲开的木鱼——合不拢嘴

烧开了的水——沸腾起来了

粥铺里买卖——热闹一早晨

摇着扇子聊天——谈笑风生

程咬金拜大旗——运气发旺

刘姥姥出大观园——满载而归

张飞到了长坂坡——大唱大吼

周幽王点烽火台——千金一笑

又娶媳妇又嫁女——双喜临门

土地老倌吃三牲——一脸的笑

玉帝娶亲，阎王嫁女——欢天喜地

过年娶媳妇

冬天的火炉，夏天的扇——人人喜欢

孙悟空跳出水帘洞——好戏还在后头

喜鹊登枝喳喳叫——无喜心里乐三分

行为性格

路灯照明——公道

蚂蚁的腿——勤快

瞎子弹琴——手熟

油炸麻花——干脆

顶架的牛——好斗

胡子上套索子——自谦（牵）

橡皮擦子——有错就改

隔岸观火——袖手旁观

愚公之居——开门见山

人死大夫到——马后炮

叶公好龙——口是心非

后主降魏——不知羞耻

张飞上阵——横冲直撞

秦琼卖刀——忍痛割爱

老包断案——脸黑心不黑

包公放粮——为穷人着想

祁黄羊举贤——大公无私

李世民登基——顺应民心

杨五郎削发——半路出家

打灯笼做事——照办

麻雀开会——细商量

瞎子跟绳走——摸索

三根手指捡田螺——十拿九稳

摸着石头过河——稳扎稳打

穿钉鞋走泥路——步步扎实

茶馆里的买卖——滴水不漏

板凳上钻窟窿——有板有眼

保险柜挂大锁——万无一失

荆轲刺秦王——服斩不服输

孔明挥泪斩马谡——明正军纪

丁是丁，卯是卯——办事认真

八十岁婆婆绣花——老来发愤

世界地图吞在肚里——胸怀全球

染匠下河——摆布

狗挡狼——两惊慌

老虎拉车——没人敢（赶）

暖水瓶爆裂——丧胆

脚踏多只船——摇摆不定

房顶上的冬瓜——两边滚

砧板上的鱼——任人宰割

嫩牛拖犁耙——不打不跑

吊桶在你井里——由你做主

橱窗里的东西——任人摆布

骑在老虎身上——身不由己

林黛玉进贾府——谨小慎微

满月儿听霹雳——惊得骨头碎

小鬼看见钟馗像——望而生畏

蛤蟆蹦到脚面上——吓人一跳

好斗

肚脐眼里安雷管——心惊肉跳

打雷响却没下雨——虚惊一场

手拿鸡蛋走滑路——提心吊胆

聪明能干

亮天星子——显眼

破手套——露尖了

瞎子打拳——手法熟

火烧牛皮——自转弯

柳树枝——适应性强

万金油——样样来得

芝麻开花——节节高

鲤鱼跳龙门——高升

张松背书——过目成诵

顺手牵羊——将计就计

怀胎妇女——肚内有货

高山顶上点灯——高明

瓮中捉鳖——手到拿来

兔子的耳朵——最灵敏

巴掌心里长胡子——老手

画龙点睛——功夫到家了

笔杆子吞进肚——胸有成竹

盘里鱼，瓮中鳖——有把握

孙悟空的金箍棒——能大能小

诸葛亮的锦囊——用不完的计

白骨精骗唐僧——一计不成又生一计

猪八戒喝磨刀水——心里秀（锈）的人

勤劳之士

哪吒的乾坤圈——能大能小，能方能圆
小炉匠敢揽大瓷缸——怀里必揣着金刚钻

事理人情

两手捧寿桃——有理（礼）
囫囵吞枣——不知味
狗进厕所——文（闻）进文（闻）出
班门弄斧——忘了师傅
石灰布袋——到处留迹
不入虎穴——焉得虎子

哑巴拜年——只作揖少说话

纸里包火——瞒不过去

二虎相争——必有一伤

江心补漏——无济于事

临阵磨枪——不快也光

头上雕花——起头难

哑巴拜年——只作揖少说话

炉外的锤子——趁热打铁

孔夫子出门——三思而后行

孙悟空借火扇——一物降一物

齐桓公进迷谷——靠老马识途

石头抛上天——总有落脚之处

肚子里的孩子自己生——谁也代替不了

景阳冈武松遇大虫——不是虎死，就是人伤

我解缆，你推船——顺水人情

冷嘲热讽

和尚劝架——多事

咸菜加醋——酸上酸

山西老乡——爱吃醋

李鬼劫路——欺世盗名

隔墙丢西瓜——给贼解渴

敲着空碗唱歌——穷快乐

戏台上的狗——下不了台

鸡蛋长爪子——连滚带爬

猴子不咬人——架式难看

螃蟹夹豌豆——连滚带爬

卖面壳的被抢——大丢脸

不熟的葡萄——酸气十足

苍蝇叮大粪——臭味相投

秋后的蚂蚱——蹦跶不了几天了

跷跷板上放鸡蛋——不会走，只会滚

蛤蟆跟着团鱼跑——硬充王八的孙子

纸糊的板凳——是人做的，不是坐人的

蛤蟆和水牛比大小——赌气胀破了肚皮

凶恶贪婪

巴掌生疮——毒手

拳头舂海椒——辣手

阎王发令箭——要命

砒霜拌大蒜——又毒又辣

不喊叫的狗——暗里咬人

荆轲献地图——暗藏杀机

米筛子当玩具——耍心眼

阎王爷的扇子——两面阴

草丛里的眼镜蛇——歹毒

白糖包砒霜——毒在里面

老鼠啃神龛——欺神灭相

杀人抢东西——谋财害命

蝎子背蜈蚣——毒上加毒

阎王的主意——全是诡（鬼）计

裁缝师傅的本事——真（针）狠

叫花子失了棍子——狗欺

骑毛驴看唱本——走着瞧

张飞摆屠案——凶神恶煞（杀）

鬼怕恶人——还是凶点好

棺材里的老鼠——咬死人

鳅鱼的本领——专往软处钻

三步倒包在猪肉里——藏着毒心

把墨水喝到肚子里——五脏黑透了

烂膏药往别人嘴里送——专门害人

踢寡妇门，挖绝户坟——无恶不作

半夜洗衣月下晒——明是阳来暗是阴

山洞里的黄鼠狼——又狠毒，又鬼祟

推人落井还要滚石头——害人害透了

山上钓鱼——财迷

毒蛇出洞——伺机伤人

佛面刮金子——刻薄

吊死鬼上银行——死要钱

饿汉子抢猪头——争嘴吃

挖鼻屎当盐吃——吝啬鬼

望乡台上抢骨头——饿鬼

抱着钱罐子打盹——财迷

灶台上的抹布——专门揩油

粉球滚芝麻——多少沾点儿

爹死娘嫁人——各人顾各人

剖腹藏珍珠——舍命不舍财

铜钱当眼镜——一切向钱看

萤火虫照屁股——只顾自己

拾钱不认街坊——见利忘义

杂货铺的掌柜——见钱眼开

小秃子的脑袋——一毛不拔

上了山顶想上天——不知足

一嘴吞三个馒头——贪多吃不了

一口吃十二个包子——好大的胃口

吝啬鬼天天捡钱还嫌少——不知足

三分钱买烧饼看厚薄——小气得很

两只耳朵——一生一世也见不到面

姐妹俩一块出嫁——各人忙各人的

小秃跟着月亮走——谁也没沾谁的光

毒蛇出洞——伺机伤人

高傲自吹

人打摆子——乱抖

飞机上唱歌——高调

飞机上聊天——空谈

猫尾巴——越摸越翘

飞机尾巴——翘得高

孔明夸诸葛——自夸

鲇鱼打喷嚏——吹嘘（须）

下棋斗胜——纸上谈兵

王婆卖瓜——自卖自夸

柳树上打饼——好高傲（熬）

飞机上放鱼钩——高调（钓）

蚍蜉撼树——不自量力

纸上谈兵的赵括

闭门造车——自作聪明

参天大树——高不可攀

耕地里甩鞭子——吹（催）牛

脑门心长眼睛——望天

风钻进鼓里——吹牛皮

麻雀下鹅蛋——讲大话

眼睫毛挂扫帚——耍（刷）嘴

因循守旧

榆木疙瘩——难开窍

毛驴拉磨——原地转

蚂蚁回窝——走老路

外甥打灯笼——照旧（舅）

六月的杉木——定型了

猴子玩把戏——老一套

寿星唱歌——尽是老调

阳雀叫三年——一句现成话

司马炎废魏主——袭用老谱

石头子孵小鸡——一成不变

穿新鞋走老路——因循守旧

屎壳郎滚粪蛋——倒行逆施

正月初一卖门神——过时货

八十岁奶奶的嘴——老掉牙

抱着葫芦不开瓢——死脑筋

撞到南墙不回头——死心眼

眼睛生在后脑上——不向前看

死脑筋的迂夫子

长虫钻到鸟铳里——拐不过弯来

野鸭窝里抱家雀——一辈不如一辈

悲苦逆境

水煮石头——难熬

丝线打结——难解

冷锅煮雪——难溶

无米之炊——难做

筷子搭桥——难过

筷子穿针眼——难进

乌龟垫床脚——硬撑

西山出太阳——难得

肥皂泡——不攻自破

瘸子爬山——步步难

阎王爷讨饭——穷鬼

河里赶大车——没辙

抽风攥拳头——手紧

车马炮临门——僵局

肚子里长草——闹饥荒

虎入中堂——家破人亡

婆婆太多——媳妇难当

麻雀抬轿——担当不起

鸟入笼中——有翅难飞

王胖子跳井——下不去

小孩子喝烧酒——够呛

一块硬骨头——不好啃

寒号哭夜——如丧考妣

六月间喝冰水——寒心

三九天吃冰块——凉透了

句典故事

故事，人人爱听，而从古往今来的生活实践中采撷、提炼、概括、总结出来的鲜活故事，更是让人们百听不厌。历朝历代的诗话、笔记中，都记载着许多琢字炼句的逸闻佳话，或是哲人应对妙语，或是文士嘲戏绮语，或是村夫野趣谐语……这些故事篇幅短小，形式活泼，叙事传神，或风趣幽默，或发人深省，或风雅浪漫，彰显出汉语言文字的神奇魅力，凸现出中华传统文化中丰富的生活情趣和人生智慧，所以代代相传，历久弥新。

巧妙对联

诸葛亮巧对周瑜

　　诸葛亮是三国时期蜀国的丞相，自幼聪明绝顶，十七八岁的时候就已经风度翩翩，黄承彦很想将女儿许配给他，但诸葛亮听说黄小姐奇丑无比，便拒绝了这门亲事。

　　一天，诸葛亮拜访黄承彦，见到黄家有许多木头做成的机关动物在干活，问过之后，方知是黄小姐所做。诸葛亮即刻给黄承彦行礼，说："小婿今日特来拜见岳父大人。"因此成就了这段姻缘。

　　周瑜听说此事，出联讥讽诸葛亮：

　　　　有目也是䀩（瞅的异体字），无目也是丑，去掉䀩边目，加女便成妞，隆中女子生得丑，百里难挑一个妞。

　　诸葛亮听罢，不动声色，也没有立即回应，正当周瑜洋洋得意的时候，才作下联回敬他：

　　　　有木也是桥，无木也是乔，去掉桥边木，加女便成娇，江东美女数二乔，难保铜雀不锁娇。

解缙联嘲富豪

　　解缙是明朝有名的才子，自幼聪明伶俐，勤奋好学，但家境贫寒。

解缙家的对面是一个富豪家，大门正对着富豪的竹林。十四岁那年的除夕之夜，解缙见对面的竹子高出墙头，绿绿的很惹人喜爱，便写了一副春联，贴在门上。联曰：

> 门对千根竹；
> 家藏万卷书。

富豪见了之后，心想：你这样的人家也敢说家藏万卷书！他想为难解缙，便命人把竹子都削去了一半，从外面就看不见竹子了。解缙自然明白富豪的意思，脑瓜儿一转，便有了主意，题笔在上联和下联上各添了一个字，就成了：

> 门对千根竹短；
> 家藏万卷书长。

富豪见了更加恼火，下令把所有的竹子都连根拔起，他倒要看看解缙还怎么个"短"法。解缙见富豪此举，不禁暗暗发笑，又在上联和下联各添了一个字，成了：

> 门对千根竹短无；
> 家藏万卷书长有。

这下子，富豪气得目瞪口呆，但也无可奈何。

于谦对僧人

——（明代）冯梦龙《古今谭概》

于谦是明朝著名的民族英雄，自幼便勤奋好学，志向远大。他读书过目不忘，而且特别会对对子。

一次，于谦的母亲把儿子的头发梳成了双髻。于谦出门玩耍的时候，碰到了一个叫兰古春的僧人，僧人见于谦的头发挺可爱，就跟他开玩笑说：

牛头且喜生龙角；

小于谦听了，心里很不高兴，马上回应一句：

狗嘴何曾吐象牙！

僧人听了很是惊奇。

于谦回家之后，将事情告诉了母亲。第二天，母亲就给他扎成了三个髻。没想到，出门又遇到了那个僧人。僧人见他的头发变了个样子，便又笑着说：

三丫如鼓架；

于谦抬头看见了僧人的秃头，张口便答：

一秃似擂槌。

僧人听了哭笑不得。

唐伯虎巧对祝枝山

有一天，唐伯虎和祝枝山到乡村游玩，祝枝山看到农民用水车车水灌溉农田，一时兴起，出了对联让唐伯虎对。祝枝山的上联是：

水车车水，水随车，车停水止。

唐伯虎想了很久也想不出来，祝枝山十分得意。他们行至稻场，看到农民用风扇扇谷子，唐伯虎灵光一闪，马上说出了下联：

风扇扇风，风出扇，扇动风生。

两人就此成就了一幅巧妙至极的叠字对联。

梅子酸牙

——（清代）梁章钜《巧对录》

明代有个叫伍文定的人，文武双全，为人正直。一次，他和一个知府出游，走到一家宅院的门口，看到一个年轻的女子正探头往外瞧。知府见那女子貌美如花，便使劲地盯着看。那女子见了，赶紧缩身回了院内。知府还在呆呆地站着，突然说：

墙内桃花，露出一枝难入手。

"桃花"自然指的是那个女子。伍文定听了，心生厌恶，即刻挖苦道：

园中梅子，不消几个便酸牙！

"梅子"就是酸梅，隐含的意思是：你一个堂堂的知府大人，看见漂亮的女子，便心怀不轨，真是不知羞耻。

纪晓岚对讽"石先生"

清代著名的文学家纪晓岚学识渊博，才华横溢。小时候，他很调皮，常常惹得老师啼笑皆非。他的私塾老师是个古板的老学究，人称施先生。

一天，纪晓岚把一只小黄鸟带到学堂去玩，正玩得起劲的时候，老师来了。纪晓岚只得把小鸟放在砖墙的后面，可还是被老师看见了。施老师也不作声，便开始上课。当老师信步走到墙边时，突然推了一把砖头，小鸟就被活活挤死了，还吟了一句：

细羽家禽砖后死。

纪晓岚见了心痛不已，灵机一动，对老师说："老师，我来给您对个下联，可以吗？"老师乐意地说："当然可以。"纪晓岚便说："你的上联是'细羽家禽砖后死'，有'细'必有'粗'，有'羽'必有'毛'，有'家'必有'野'，有'禽'必有'兽'。您的'砖'我对'石'，您的'后'我对'先'，您的'死'我对'生'。所以，我的下联是：'粗毛野兽石先生'，还请老师指教，如果有不对的地方请老师改一下吧。"

老师听了，知道纪晓岚是在用谐音骂他，可是捻着胡子想了半天，也没有想出什么更好的下联，只得无奈地拂袖而去。

联讽慈禧

清代，咸丰帝死后，慈禧发动宫廷政变，篡夺了清王朝的实权，成为统治中国长达47年的实际统治者。她生性狠毒狡诈，而且喜好奢华。在她掌权期间，中国一步步地走向衰亡，因此出现了很多专门讽刺这位"老佛爷"的对联。

其一：

1894年，甲午中日战争爆发。同年冬天，日军侵占了大连。此时，慈禧正在准备着自己的六十大寿。于是，有人冒着生命的危险，在北京一城门写了一副对联：

> 万寿无疆，普天同庆；
> 三军败绩，割地求和。

毫不留情地讽刺了慈禧祸国殃民，却又故意粉饰太平的行径。

其二：

1904年，慈禧七十大寿，当时的中国已经是风雨飘摇，但是慈禧还要庆祝她的生日，搞得全国上下民怨沸腾。当时，上海的《苏报》刊登了一副讽刺对联（据说是章炳麟所写）：

今日到南苑，明日到北海，何日再到古长安？叹黎民膏血全枯，只为一人歌庆有；

五十割琉球，六十割台湾，而今又割东三省，痛赤县邦圻益蹙，每逢万寿祝疆无。

上联写游览之盛，揭露了慈禧不顾人民死活，只顾自己贪图享乐，末句趣改了"一人歌庆"；下联述割地之多，控诉了慈禧的卖国行径，末句妙改了"万寿无疆"。全联淋漓尽致、一针见血地揭露了慈禧的罪恶。

其三：

慈禧掌权期间，国事日非，但死后她的尊号为"孝钦慈禧端佑康颐昭豫庄诚寿恭钦献崇熙配天兴圣显皇后"，竟有23字之多。对此，有人写了一副对联嘲讽：

垂帘廿余年，年年割地；
尊号十六字，字字欺天。

上联陈述史实，斥责慈禧的丧权辱国和腐败无能；下联揭露慈禧的虚伪和利欲熏心。

袁世凯对不住人民

民国年间，袁世凯一命呜呼后，举国欢腾，人民奔走相告。此时，四川有位文人，说要到北京去给袁世凯送挽联。乡亲们听说之后，大吃一惊，不知究竟有何深意，纷纷前去询问。

文人打开他写好的挽联，上面写着：

袁世凯千古；

中国人民万岁。

人们看过之后，不禁哑然失笑。文人明知故问道："你们笑什么？"一个心直口快的小伙子说："上联只有'袁世凯'三个字，怎么能对得住下联'中国人民'四个字呢？"文人听了，笑出声来，说："对了，就是袁世凯对不住中国人民！"

趣味小说联

金庸，原名查良镛，华人界最知名的武侠小说作家。他把自己曾经写过的十四部武侠小说集为一副对联，十分巧妙。联曰：

> 飞雪连天射白鹿；
> 笑书神侠倚碧鸳。

对联中所提到的小说名分别为：《飞狐外传》《雪山飞狐》《连城诀》《天龙八部》《射雕英雄传》《白马啸西风》《鹿鼎记》《笑傲江湖》《书剑恩仇录》《神雕侠侣》《侠客行》《倚天屠龙记》《碧血剑》《鸳鸯刀》。

诙谐诗赋

数字诗唤回负心人

西汉时期，才子司马相如赴京为官，他迷恋京城的繁华，忘记了对妻子卓文君的海誓山盟，离家五年后才写了第一封家书。卓文君收到信后，打开一看，信上只有十三个字：

一二三四五六七八九十百千万。

卓文君一看少了"亿"，就知道相公对她已经无意（无亿）。于是，聪明的卓文君将这十三个数字巧妙地连成诗文，寄给了司马相如。信中这样写道：

一别之后，二地相思，只说三四月，谁知五六年，七弦琴无心弹，八行书无人传，九连环从中折断，十里长亭望眼欲穿，百思念，千系念，万般无奈把君怨。万语千言说不完，百无聊赖十倚栏，重九登高看孤雁，八月中秋月圆人不圆，七月半烧香秉烛问苍天，六月伏天人人摇扇我心寒。五月石榴如火，偏遇阵阵冷雨浇花端，四月枇杷色未黄，我欲对镜心意乱。急匆匆，三月桃花随水转。飘零零，二月风筝线儿断。噫！郎呀郎，巴不得下一世你为女来我为男。

司马相如见了这封饱含卓文君哀怨和责备的信，被卓文君的才气和深情所感动，立即命人把卓文君接到了京城。

曹子建巧赋双关诗

曹植，号子建，是曹操的三子，自幼聪明伶俐。曹操很是欣赏他，并有意立他为世子。但阴差阳错，曹操的二儿子曹丕最终成为了皇帝。曹丕对曹植早就怀恨在心，总想找机会除掉他。

一日，曹植因喝醉酒，侮辱了朝廷使者。曹丕便欲借机置他于死地。曹丕对曹植说："情理上，你我是兄弟；道义上，你我是君臣。你怎可如此蔑视朝廷的礼数呢？父皇在世时常常称赞你的文章写得好，现在限你七步之内吟诗一首。作出，便可免你一死；否则，便说明你过去是沽名钓誉，实为欺君之罪，应立即斩首。"

曹植说："请出题。"

曹丕说："你我乃兄弟，便以'兄弟'为题，但诗中不可有'兄弟'二字。"

曹植起身迈步，七步之内作出了一首诗：

> 煮豆燃豆萁，豆在釜中泣。萁在釜下燃，豆在釜中泣。本是同根生，相煎何太急！

曹丕听了也为之动容，触动了心中的手足之情，便改变初衷，将他贬为安乡侯。

妙趣横生的回文诗

北宋时期的大文豪苏轼和秦少游是一对挚友。一次，苏轼登门拜访秦少游，不巧他刚好外出游玩去了，其家人说可能到金山寺佛印大师那里去了，苏轼便写信去询问。秦少游见到来信后，便写了一封十四个字的怪信回给苏轼，信上的字排成一圈：

去
归　　马
花　　　　如
赏　　　　飞
暮　　　　酒
已　　　　力
时　　微
醒

苏轼看过回信之后，连声叫绝。原来，秦少游写的是一首回文诗，诗中描述了在外游玩的生活。其读法为：

赏花归去马如飞，去马如飞酒力微。酒力微醒时已暮，醒时已暮赏花归。

　　十四个字组成了一首七言绝句，可见其文字水平极高。

智解谜语

孔圣人解谜

孔子是春秋时期著名的思想家、教育家，是当时社会上最博学的学者之一，所以人称"千古圣人"。孔子一生大部分的时间都在从事教育活动，据说他的弟子有三千人之多，其中他最喜欢的弟子之一，就是颜回。

一天，颜回请来有名的木匠鲁班为孔子刻书，鲁班技艺高超，很快就把竹板都刻完了。鲁班说："你的老师很好，可就是'四体不勤，五谷不分'，我不太喜欢他。"

颜回听罢，急忙解释说："老师博学多才，忙于讲学育人，没有时间做工。"

鲁班有心想要考考孔子，便对颜回说："既然他博学多才，那我说个字，如果他能认得出来，我也拜他为师。"

颜回说："您请说，我记下来。"

鲁班便道："竖六下，横九下。"

颜回听了不知所云，考虑许久也毫无头绪，便去请教孔子。

孔子说："解出此题，他给我多长时间？"

颜回说："他临走的时候，只伸了三个指头。"

孔子说："那应该是要我们在三日之内找到答案。"

三天之后，鲁班问颜回是否有答案了，颜回把他与孔子的对话，从头到尾讲了一遍。鲁班说："不愧是博学多才之士啊，猜得一点都没错。"

原来，鲁班说的是一个"晶"字，三个"日"合起来便是"竖六下，横九下"的"晶"字。

绝妙好辞

——（南朝·宋）刘义庆《世说新语·捷悟》

魏武帝曹操从曹娥碑下经过时，杨修随从。曹操看到碑的背面题着"黄绢幼妇外孙齑臼"八个字，就问杨修："你知道它的意思吗？"杨修回答说："知道。"曹操说："你先别说，等我想想看。"

走了三十多里，曹操才说："我想到了。"同时让杨修写下他自己的理解。

杨修写道："'黄绢'，就是有颜色的丝，'糸'和'色'合在一起是'绝'字；'幼妇'，就是少女，'女'和'少'合在一起是'妙'字；'外孙'，就是女儿的孩子，'女'和'子'合在一起是'好'字；'齑臼'，就是承受辛辣的味道，'受'和'辛'合在一起是'辤'（辞的异体字）字。连起来就是'绝妙好辞'"。

曹操也写出自己的理解，见和杨修写的一样，便感叹道："我的才智不如你，竟然多想了三十里地。"

黄庭坚巧解字谜

北宋文学家黄庭坚幼年时便聪明机警，被誉为"神童"，22岁获乡试第一名，28岁参加四京学官的考试，出任国子监教授。

一年夏天，黄庭坚来到长江岸边的九江。九江人杰地

黄庭坚巧解字谜

灵，文人汇聚。那些诗人墨客听说黄庭坚来到了九江，纷纷想试探其才能。

有一天，当地的文人和黄庭坚一起游玩，有个才子笑着说："久仰大名，今日幸会，望赐教。"说完便摇头晃脑地说："远树两行山倒映，轻舟一叶水横流。"另一诗人紧接着便问："请问这是个什么字？"

黄庭坚淡然一笑，提笔写了一个字。

众才子看过之后，称赞道："果然才智过人，名不虚传啊！"

原来谜底就是个"慧"字。

王冕画画

元代著名的画家、诗人王冕，年少时家里十分贫困，不得不到一个地主家里去放牛。因为喜欢画画，王冕经常一边放牛一边用树枝在地上画荷花，画青蛙，画他看到的、想到的东西。

一天，地主外出时，发现王冕在画画，便阴阳怪气地说："既然你那么喜欢画画，现在你给我画样东西，画不出来就没饭吃。"接着便说："小小一条龙，须长背又弓，生前没有血，死后浑身红。"

王冕听罢，立即在地上画出了一只"虾"，地主见了也只能作罢。

画扇面，讽恶霸

明代江南四大才子之一的唐伯虎，有一次，为了解救南昌某才女而入住宁王府。府中人每天仗势欺人，鱼肉百姓，唐伯虎对此深恶痛绝。

一天，府中的两兄弟前来找唐伯虎，闲扯了半天之后，拿出一把白面扇，让唐伯虎为其画扇面。

唐伯虎虽然不喜欢这两个人，但是人在屋檐下，不能不低头，只能勉强敷衍他们一番。于是，提笔画了家中的一枝丹桂。这时，兄弟二人纷纷奉承道："先生果然神来之笔，扇面上的桂花香扑鼻而来啊！"

唐伯虎见二人丑态毕现，灵机一动，想到了一个妙计，来骂骂这两个无耻之徒。他再度提笔，在桂花旁又画了两只张牙舞爪的螃蟹，然后，拂袖而去。

原来，唐伯虎画的扇面上隐含了一句话：横行乡（香）里。

车金相报

清朝初年，文学家金圣叹和一批江南绅士、学子"抗粮哭庙"，被扣上了"聚众闹事"的罪名，并缉拿归案，听候发落。

金圣叹自知已无生还的希望，到了宣判的这一天，他郑重其事地说："昨天晚上，我梦见关云长了。当时我正在批点《三国演义》中'千里走单骑'这一回，心想那关羽千里送嫂，夜里男女共住一屋，难免瓜田李下。正在想着，关云长就显灵了，说他通宵读书，不曾起过半点邪念，求我笔下留情。我说此事暂且不说，那你要如何报答我？关羽略一沉吟，说先生宣判之日，要以车金相报。"

众难友听了都十分的开心，以为一定可以渡过难关，而且还可能归还被抄没的家产。只有金圣叹的好友李某苦笑着说："执迷不悟。"

没多久，狱卒送来可口的饭菜，口称"大喜"。众人酒足饭饱之后，都被砍了头。

原来，金圣叹所谓的"车金"并非是黄金的"金"，而是斤两的"斤"，"车"与"斤"结合，是个"斩"字。

蒲松龄辞官

蒲松龄，世称聊斋先生。他学识渊博，一生热衷科举，却始终不得志，到72岁才补了一个岁贡生。

一个财主望子成龙，想请蒲松龄去给他儿子当老师。两个多月后，蒲松龄请辞。财主问："我的儿子文章写得怎么样啊？"蒲松龄答："高山响鼓，闻声百里。"财主又问："那他在易、礼、诗等方面不知道有没有进步啊？"蒲松龄答："八窍已通七窍。"说完便起身回家了。

财主听罢蒲松龄的话，高兴地跑去衙门，告诉当师爷的胞弟。师爷听罢说："大哥，你让那教书的戏弄了。"原来财主的儿子文章写得"不通不通"，其他方面"一窍不通"。

李秀才猜谜

古时有位李秀才，喜欢喝酒，也善于猜谜。

一天，他来到"太白楼"喝酒，王老板见是老主顾李秀才，便笑着说："我给你出个谜。唐虞有，尧舜无；商周有，汤武无。"

李秀才听罢，说："用你的谜底我再做一谜，你看对不对：跳者有，走者无；高者有，矮者无。智者有，蠢者无。右边有，左边无；凉天有，热天无。"

王老板接着说："哭者有，笑者无；活者有，死者无。"

李秀才又说："哑巴有，麻子无；和尚有，道士无。"

王老板听完，哈哈大笑，说："原来'口'字，可以有那么多的谜面啊！"说完命人盛情款待李秀才。

农夫巧谜戏秀才

从前有个酸秀才，没有什么真本事，却喜欢到处卖弄自己的"学问"。他自以为自己作的谜语很巧妙，所以经常拿此来炫耀，让别人猜，但是每次人家都是一猜就中。

一天，他闲来无事，到处晃荡，不知不觉间来到了郊外，看见一个农夫在地里除草。秀才心想，一个农夫只会种地，一定没有什么学问，我就出个谜，让他见识见识我的学问。

于是，秀才走上前对农夫说："农家，我有一个谜语，不知道你能不能猜一猜啊？"农夫说："你尽管说来听听。"

秀才说："长脚小儿郎，嗡嗡入洞房，欲饮朱砂酒，一拍见阎王。"

农夫听完，淡然一笑，接着说："我这里也有一个谜语，你也来猜猜：信号一声响，红娘上跑道，一圈一圈跑完时，不见红娘不见道。"

秀才听完，绞尽脑汁想了半天也想不出来。农夫见他如此难堪，就笑着说："你的谜底见到我的谜底就跑。"秀才这才恍然大悟，羞得无地自容，转身便走了。

原来，秀才的谜底是"蚊子"，农夫的谜底是"蚊香"，蚊子见了蚊香自然是要跑的。

天下第一味

有一年春天，朝廷科举考试在即，三个进京赶考的人在路上相遇，他们一个来自四川，一个来自浙江，还有一个来自广东。三个人走累了，便坐在大树下休息。

四川的举人突然灵机一动，笑着说："二位才子，今日相遇，实属难得，现已到中午，大家都饥肠辘辘了，小弟想请问二位什么是'天下第一味'。"

浙江举人应声道："那还用说，自然是糖醋肉排的味道最好了。"

广东举人接着说："蛇肉香气馥郁，味道更鲜美。"

四川举人笑着说："二位仁兄都没有说中。'天下第一味'实为'大头菜'，'天下'为'大'，'第一'为'头'，所以应该是'大头菜'。"

两个举人听完，拍手叫绝，连声说妙。

鱼乐之辩

　　春秋战国时期，知识分子中出现了许多不同的流派，形成了"百家争鸣"的局面。其中比较著名的流派有儒家、道家、墨家、法家和名家等。庄子是战国时期道家的代表人物，惠子是同一时期名家的代表人物。

　　一天，庄子和惠子外出游玩。来到河边，庄子见到水中的鱼游来游去，便感叹道："这些鱼在水中自由自在地玩耍，真是快乐啊！"惠子听了，反问他："你不是鱼，怎么会知道它的快乐呢？"

　　这一问很有智慧，一般人恐怕难以应付。但是庄子学识渊博、能言善辩，马上回敬道："你不是我，你怎么知道我不知道鱼是否快乐呢？"

鱼之乐

惠子也不甘示弱，说："好！按照你说的，我不是你，不知道你；那么你也不是鱼，自然你也就不知道鱼是否快乐。"

惠子刚说完，庄子便感到不妙，照此下去，就把自己给驳倒了，便话锋一转，说："我们还是回到最初的题目上来。开始的时候你问我：'你怎么知道鱼是快乐的'，可见你本来就已经知道我知道鱼是快乐的了，只是问我是如何得知的。现在我告诉你，我是站在河边看到后知道的。"说罢，两人相视而笑，继续前行。

这番话，虽然言语不多，但是却充满了智慧和哲理，这就是历史上著名的"鱼乐之辩"。

晏子巧言顶范昭

春秋初期，齐桓公成为中原的第一位霸主。但到春秋后期，齐国中原霸主的地位早已易位，国势也日渐衰微。公元前550年，晋平公想攻打齐国，便派范昭出使，看齐国是否已经做好了战争的准备。

为了欢迎范昭的到来，齐国特别举行了国宴。酒过三巡，范昭突然说："来，把齐君的酒杯拿来！"齐国的君王齐景公因为害怕晋国，连忙把自己的酒杯递了过去，范昭二话没说，端起酒杯一饮而尽。

齐国的宰相晏子看到范昭做出了侮辱齐国的事情，忙命令侍从："来人哪，把大王的酒杯取下，换另外一只！"于是，范昭又被换回了臣子所用的酒杯。

范昭心里难受，便装出醉酒的样子，说："乐师，奏支周朝的乐曲，我要跳舞。"晏子使个眼色，乐师领会，不卑不亢地说："还请包涵，我从未奏过周乐！"范昭听

闻无奈，只能怏怏
而退。

范昭离开后，
齐景公担心地说：
"爱卿这么做，
万一惹恼了晋国，
该如何是好啊？"

晏子信心十足
地说："大王，请
勿担心！范昭此次
前来，无非是想试

晏子智挫范昭

探我们。今天如此顶他，晋国必定不敢轻视齐国。"

果然，范昭想到国宴上的情景，便认定齐国有所依恃，不
能贸然出兵。

题门

——（南朝·宋）刘义庆《世说新语·捷悟》

杨修是三国时期魏国曹操的文书，他天赋很高、资质
聪慧。有一次，曹操修建相国门，亲自去视察后，什么也没
说，只是让人在门上写了一个"活"字，便离开了。

工匠们看不明白，便去向杨修请教。杨修听了，便
下令把门拆掉，准备重建。人们不明白为什么，杨修说：
"门中有一个活，便是一个'阔'字，魏王是嫌门修得太
大了。"

曹操见了改造过的门后，非常满意。

一人一口酥

——（南朝·宋）刘义庆《世说新语·捷悟》

有一次，塞北有人送了曹操一杯酥，曹操尝了一点点，就在杯盖上写了一个"合"字，送给众人，众人百思不得其解。杨修看到杯盖上的字之后，便打开杯盖，把酥分给大家吃。

事后，曹操问他为什么这样做，他从容地回答说："丞相明明叫我们'一人吃一口酥'，我们又怎么敢违背您的命令呢？"

阿堵物

——（南朝·宋）刘义庆《世说新语·规箴》

西晋时期，出现了一批读书人，他们崇尚玄学，标榜清高，每天高谈阔论，却对世事不屑一顾，人们称这些人为"清谈家"。

王夷甫就是一个有名的清谈家。据说他自视清高，鄙视金钱，还宣称终生不说"钱"字。可是他的妻子郭氏却生性贪婪，嗜钱如命，故而对此很不满，想了许多办法逗他说"钱"字，但王夷甫始终不肯上当，屡屡以失败告终。

一天夜里，郭氏乘王夷甫熟睡的时候，命婢女搬来许多铜钱，围在了王夷甫的床边，使他醒来后无法下床，逼迫他说出"钱"字。不料，第二天早晨王夷甫醒来，见此情景，大声唤来婢女，指着床边的钱说："举却阿堵物（把这个东西拿开）！"

"阿堵物"本是六朝和唐宋时期的常用语，相当于现代汉语"这个东西"的意思。在此之后，"阿堵物"便成了"钱"的别称，且带有轻蔑的意味。还可用"口不言钱"形容自命清高、不讲钱财。

巧答"第一"

南齐高帝萧道成十分擅长书法，自认为书法造诣很高。朝中有一个叫作王僧虔的大臣，他是晋代王羲之的后代，继承了前辈的艺术传统，行书和楷书尤为突出，非常有名。

这一天，高帝要和王僧虔比试书法，两人分别写完之后，高帝便问王僧虔："爱卿觉得谁的书法第一啊？"

王僧虔知道高帝有意为难，从容答道："臣的书法，人臣中第一；陛下的书法，君王中第一。"

高帝听了，不禁笑着说："爱卿果然聪慧过人。"

佛印巧谑苏东坡

苏东坡是北宋时期著名的文学家、书画家，他尤其以诗文闻名，与人谈话常常暗藏机关。

一次，苏东坡和老友佛印对坐闲谈，苏东坡有意戏弄一下佛印大师，便说："古人常常以僧对鸟。"

佛印听了很不高兴，就问："仁兄，何以见得啊？"

苏东坡笑着说："古人说过'鸟宿池边树，僧敲月下门'；还有'时闻啄木鸟，疑是僧敲门'。是不是啊？"

佛印听罢，沉吟了一会儿，冷不丁地说："可是今天贫僧却与相公对。"

苏东坡一时竟无言以对。

苏东坡本想把佛印和鸟归为一类，嘲笑一番，不料佛印机智过人，简简单单的一句话，就把苏东坡当成了"鸟"。